dtv

Seit mehr als einem halben Jahrhundert schreibt Peter Härtling. Und wie viele seiner Kollegen hat er als Lyriker begonnen; 1953 veröffentlichte er seinen ersten Gedichtband mit dem Titel ›poeme und songs‹. Neben allen preisgekrönten Romanen, Erzählungen und Kinderbüchern, die Peter Härtling seither geschrieben hat, war er immer auch als Dichter prägend. Von Anfang an beeindruckten seine Gedichte durch ihre Leichtigkeit, ihre Entdeckerlust, ihre Artistik. Als Spiel und Spiegel zugleich erkunden sie die Welt. Später bestimmen vor allem Natur, Landschaften und Jahreszeiten Härtlings Poesie; Gedichte, mit denen er sich einreiht in eine große Tradition deutscher Lyrik.

›Sätze von Liebe‹ versammelt Gedichte aus allen Schaffensperioden Peter Härtlings und gibt so einen inspirierenden Einblick in sein umfangreiches lyrisches Werk.

Peter Härtling, geboren am 13. November 1933 in Chemnitz, besuchte bis 1952 das Gymnasium in Nürtingen. Von 1955 bis 1962 war er Redakteur bei der ›Deutschen Zeitung‹, dann bis 1970 Mitherausgeber der Zeitschrift ›Der Monat‹, außerdem von 1967 bis 1968 Cheflektor und bis 1973 Geschäftsführer des S. Fischer Verlages. Seit 1974 ist Peter Härtling freier Schriftsteller. Sein umfangreiches literarisches Werk, das 2003 mit dem Deutschen Bücherpreis und 2007 mit dem Corine-Ehrenpreis ausgezeichnet wurde, ist bei dtv lieferbar.

Klaus Siblewski wurde 1950 in Frankfurt am Main geboren. Er ist Lektor und hat u.a. die Werkausgaben von Ernst Jandl, Peter Härtling und Peter Turrini herausgegeben. Er lehrt als Privatdozent an der Universität Duisburg-Essen. Zuletzt erschienen von ihm ›Telefongespräche mit Ernst Jandl‹ (2001), ›Die diskreten Kritiker‹ (2005) und ›Wie Romane entstehen‹ (zusammen mit Hanns-Josef Ortheil, 2008).

Peter Härtling

Sätze von Liebe

Ausgewählte Gedichte

Herausgegeben von Klaus Siblewski

Deutscher Taschenbuch Verlag

Originalausgabe
November 2008
Deutscher Taschenbuch Verlag GmbH & Co. KG, München
www.dtv.de
© für diese Ausgabe:
Deutscher Taschenbuch Verlag GmbH & Co. KG, München 2008
Umschlagkonzept: Balk & Brumshagen
Umschlagbild: Wolfgang Balk
Satz: Fotosatz Amann, Aichstetten
Gesetzt aus der Stempel Garamond 10,25´
Druck und Bindung: Druckerei Beck, Nördlingen
Gedruckt auf säurefreiem, chlorfrei gebleichtem Papier
Printed in Germany · ISBN 978-3-423-13692-1

Anfänge
(1953–1962)

kleine musik für dich
thema: träumend wirds gelingen ... – K. L. –

1.
das ist so ein tag
traurig und hingeweint
soll ich dir davon erzählen
der feldweg der durch deine
hände führt
mit den holpernden bauernwagen
der fremde gast aus dem
morgenland
der kleine schmerz
der auf deinen wangen tollt
sentimentale gefühle
der lauen winde
die sich im winter verloren haben
schweigendes schrein
in den bäumen
die sich umarmen

2.
in eine pfütze träum
ich dein gesicht
du bists nicht
und doch bist dus
meine liebe macht die pfütze
leuchten

ein auto bespritzt meine hose
die wir chagallhose nennen
und ein haus fällt auf meine brust

3.
die einfachen worte
die ich nicht reinbekomm
in meinen song
an deine lippen heft
ich sonnen
und bewundre sie
die morde in meinem herzen
schweigen

4.
meine liebe läßt die welt tanzen
die kulis tragen lasten
und vergehn unter ihrer schwere

ich bin tausend kulis
mein herz fällt in
einen taubenschwarm
und träumt von byzanz

5.
wohin soll ich gehn
soll ich die urwälder
betreten die
ich zaubre vor deine
füße
geh neben meinem gesicht

ich lese die glänzenden
früchte auf
und berausche mich
an ihrem herbst

6.
steppe der trauer
der ich verfiel
verwirkt in teppichen
morgenlandbunten
meiner sehnsucht

streich über meine stirn
die nacht hat
ihre stunden verloren

7.
halt mich fest
auf einem wolkenkratzer
befällt mich der schwindel
des wahnsinns
ich suche VILLON
der mich verlangen
ließ

warum sprichst du von treue
und läßt mich fallen

8.
denk an mich
in meinen haaren nistet

der zweifel ABÄLARDS
deine liebe ist stark
doch die welt ist stärker

laß fallen in sie
fallen
die glut HELOISES
den taumel der seilerin LOUIZE

poetischer wandel
des glaubens
    o deine augen
    bist dus pierette
    die in mir ist

poem des morgens

die qual des morgens
empfind sie als zeichen
das rot gefilterte licht
o die trauer in deinen augen
halt sie fest
wer wüßte besser zu schreiben
wohin und woher
denn der morgen ist deine stärke

brief

sag nicht umsonst
immer wieder wird YAMIN gehn und du an den
            kirchenmauern lang sie zu begrüssen
eine taube wird uns geleiten und die steine werden auch
                  glänzen in der nacht
schreibe keine briefe die klagen ICH WEISS auch wenn
                  der abend dich drängt
flüster nicht ES IST SO SCHWER viele mauern werden
                     noch auf dir sein
YAMIN ist eine mauer aus wein der verglänzt

sag nicht ICH FÜHLS
wenn dich die gräser schneiden wirst du anders denken
auch der morgen der dich anfällt wird zum abend
wehr nicht VERLOREN
YAMIN rettet die blassen gebärden der wolken und fährt
                  über meere

weisst du denn nicht dass die andern gesichter in YAMIN
                  leben
aus den poemen fällt der morgen
der sich flüchtet
weil der abend ihn weiss
zum gesang

einsicht

ganz findet YAMIN nicht mehr heim
die kiesel haben seine füsse gerissen
fische haben seinen gang verleitet
an den bäumen wehn seine haare
die tiefen teiche spiegeln ihn nicht

ganz findet YAMIN nicht mehr heim
alles hat sich ausgedreht
auf grünen kutschen fahren käfer vorüber
der magier vergisst den alten gruss
und an den fensterkreuzen lächeln spinnen

ganz findet YAMIN nicht mehr heim
der tanz ist in sein gesicht gefahren
an den vorhängen geistern hände die weinen
die offnen bücher blättern ihre zeit
vorbei vorbei nur der wind trocknet den sand

ganz findet YAMIN nicht mehr heim
längst dem blatt verschrieben das sich fortgewirbelt
längst dem boot vergeben das sich ausgesegelt
längst dem buch verloren das sich hingeblättert
längst dem hauch verfallen der sich YAMIN nennt

gebet

saug dich in YAMIN
tast ihn von innen ab
schweig ihn aus

    sag YAMIN
    auf einer amsel reist der mond
    ein elefant tritt dein herz durch

bleib in YAMIN
verlier die zeit
schweig dich ein

    sag YAMIN
    ein strauch ist der wartende dieb
    romeo und julia wohnen in der nachtigall

werde YAMIN
schweig dich ein
verlier die zeit

die zeit vorm morgen

YAMIN ist ein schatten
der sich dauernd dreht
die lichter der kerzen bleiben fern
die gesichter der mädchen sind
    kleine intermezzi falsch gespielt

ein karren und ein esel
bestimmen die zeit
in der trockenen nabe singt der sand
YAMIN tastet nach den lichtern
    der kerzen ohne erinnerung

ein strassenkehrer fegt
das grauen in die rinne
YAMIN wandert langsam durch die fenster
die gesichter der lauschenden
    wandeln sich in musik

die musik der fernen kerzen
ein karren ohne fracht an der strasse
YAMIN hinterm eck ohne fluch
ebenen die vergehn und sich heben
    YAMIN lächelt im esel

YAMIN an PIERETTE

spiel durchs spiel
fliess durch den fluss

leb die qual
die du vergessen hast
ohne YAMIN zu hören
spricht dich die
dauernde stimme

sei in den stirnen
der müden fürsten
fall in die schritte
der schläfer
geh mit

geh YAMIN
in den schritten
die du vergessen hast

chanson

mit pierette
ein rendezvous hat YAMIN
in der engsten strasse der stadt

die blumen in YAMINS hand frieren

    zurückschaun und warten
    im fenster schubert spielt
    impromptus aus regen

YAMIN in der strasse
pierette ist ein regentropfen
der an der wand trocknet

pierette wird nicht kommen
in den schächten singen
blaue vögel von pierettes augen
in der verschlossenen truhe

    zurückschaun und warten
    im fenster schubert spielt
    impromptus aus regen

YAMIN zählt die tropfen
in den blumen schmilzt die angst
das warten das warten
die augen pierettes gehn grüssend vorbei

die blumen in YAMINS hand frieren
ein magerer wärter erzählt
von den märchen pierettes
schuhen aus schweigen
der müde kellner in der strasse
hält den himmel an

    zurückschaun und warten
    im fenster schubert spielt
    impromptus aus regen

pierette wird nicht kommen

frühaufsteher

frühaufsteher
die fensterscheiben
bemalen
fremde grüssen

YAMIN vergisst
eine fliege zu töten

den bahndamm lang
keine städte sehn
staub
zwischen den zehen

YAMIN vergisst
guten morgen zu sagen

frühaufsteher
die trambahn anhalten
über lächeln stolpern
schweigen

YAMIN vergisst
die tür zu schliessen

in einem fremden
durch die stadt gehn
frühaufsteher
auf die scheiben malen

die ruhe YAMINS

durch den garten gehn
in den blättern sein
die ruhe YAMINS

an einem mädchen vorbeilächeln
das schweigen glänzen lassen
YAMIN verjagen

ins meer fallen
aus glocken die ruhe
schmelzen lassen kein tag ist umsonst

YAMIN verjagen die worte
übers papier streichen
ein leises poem

YAMIN der fünfte jäger der sich jagt
durch den garten aus schweigen
in die glocken schmelzen

in dunstigen perlen
das flüchtige poem
aus schweigen glänzen lassen

die ruhe YAMINS
in den blättern sein
durch den garten gehn

glasschnüre

sand in den augen
läßt YAMIN
glasschnüre durch
den fluss gleiten

die glasschnüre sind wilde segler
die niemals heimkommen
YAMIN ist auf den schiffen zuhause

in der sonne sterben
die bunten piraten

durchs meer reisen
pilger aus dem osten
in den felsen fangen
sich ihre kleider
und verlieren den glanz

glasschnüre fahren in YAMIN
durchs meer der
wilden piraten
die vor der sonne weinen

verlorene spur

niemand wird YAMIN finden
in die brücken brechen sterne
ohne musik gleitet ein fisch
durch die zahllosen fernen
vor den augen der tänzer

niemand wird YAMIN finden
in deinen haaren nisten die letzten träumer
hinterm abend treffen sich die fürsten
und töten sich schweigend
alle augen sind ferne
in den sanften blicken der fische
verliert YAMIN seine spur

was dich aufhält YAMIN

sag was dich aufhält YAMIN
die erde der stern
das gestäub der rufe
die leeren krüge auf alten gesichtern

sprich mit propheten YAMIN
von erde und stern
die morschen klänge der geigen
aus deinen händen

sag was dich aufhält YAMIN
der spruch am abend
das band der klage im leeren kleid
das furchtlose schwert der propheten

sprich mit der wüste YAMIN
asche und kreide
aus den zerbrochenen krügen
der glanz der dich bricht

sag was dich aufhält YAMIN

elegie

kannst du den abend versprechen
wenn in den verworrenen tönen
des verborgenen orchesters
lächelnde lichter kreisen

YAMIN verwandelt den park
die wege in einen atlas
die gelben flüsse die blauen strassen
trennen die wolken
vom boden der ruft

vielleicht haben die vögel
einen andern weg eingeschlagen
leichtere wege gibt es dort oben
die abende gleichen einander
und gleiten durch die töne
des verborgenen orchesters

YAMIN geht durch den park
und lobt den zerbrechlichen magier
über seinen tüchern schweben
tauben tonlose kreise
schweigend atmen die wege

die fernen fenster
für fritz und hildegard ruoff

die fernen fenster
die fernen häuser
in den händen YAMINS

der abend flüchtet sich
in die zweige
überm weg
atmen die flüsse den morgen

eine karawane
wandelt die stadt
die strassen
eine karawane
meidet die grenzen
der alten länder

die fernen fenster
der fernen häuser
in den händen YAMINS

vorspruch

viele werden sich ins blatt einrollen
und schlafen

während die wachen wechseln
vor den städten
lernst du atmen

aufgezeichnet deine ersten schritte
ändern sie sich kaum

geöffnet deine brust
bleibt sie offen
für den wintersturm

manche werden dich lehren
in den blättern zu wohnen
die dein schlaf sind

du mit dem schatten der höhle

du mit dem schatten der höhle
wart auf die flut
und stelle die gelben krüge
als mauer auf

sage den reitern
die falschen wege
verführe ihr lächeln
und sprenge die brücken

hebe den tag aus den krügen
und flüster die falter
durch die sprünge der höhle

wart auf die flut
und vertreibe die reiter

senkrechtes blau

senkrechtes blau

die gefesselten augen
der reiter
zerstören die tore

unter dem glas friert das meer

der gesang der augen
bricht das glas
bricht die tore
und das meer strömt

macht

dieser kleine
Vogel
in der mücke
wird deinen faden
zerreißen
und die gitter
sprengen
mit seiner furcht

abends

abends öffnen sich fremde fenster

wo die sträucher glühen
verstehen sich
farblose blumen

in den figuren der gräser
ruhen sich fährten aus

abends öffnen sich fremde fenster
und warten auf die glut

vor deinen segeln

wie ich dein boot bin
kannst du meines sein

spann dein rotes auf mein blaues segel

pflanz den mond ins meer
und lache wenn ich weine

sei ein guter steuermann
wenn ich langsam sinke
vor deinen segeln sinke
mit meinem boot
vor deinem

oase

und hinter der steppe
warten die brunnen

flüchtige gazellen brennen deine adern

selten ziehen pilger
durch giftige oasen

eine barke grün
für karl krolow

eine barke grün
womit schon lang beladen

durchs spiegelfenster
meerfahrt
aufgelöst im hauch

eine barke grün
womit schon lang beladen

schriften
am mast
atem
am bug

eine barke grün
ohne wind
ohne segel

seht
matrosen verteilen trompeten
matrosen verkaufen vogelkehlen

oh
eine barke grün
bereitet untergänge
auf allen stirnen

eine barke grün
so leicht
in allen vogelkehlen

blaue zelte

in den blauen zelten
kreist der rauch
und die indianer
meiden das totem des unheils

zieh die schnellen schuh an
und flieh
vielleicht ist es der letzte tag
den dir die kreisenden bussarde gönnen
oder unter den felsen wartet schon
der meister

abends wenn unter dem flachen himmel
die bunten stickereien
der tänze glänzen
schnellen die wütenden pfeile
durch die ebene

und in der tiefen müdigkeit
der blauen zelte
treffen sich die geister

durchsichten

1
untergeordnet wieder
dem blütenstaub
und ohne zornigen helm

genau
in der mitte eines spiegels
sagen
   wie früher
   als die drachen
   das jahr begannen

2
sprechen vom frühling jetzt
allen aufbruch verheißen

später
wirst du
auf einem bogen papier
deine wohnung aufschlagen

3
früher waren alle meere wolken

ohne durst
tranken die gaumen farben

wandlung
für kurt leonhard

plötzlich wird der fremde mann
hell und heiter
sieh er kann
seine leiter
an den himmel lehnen
und den schönen
auch bizarren
wolkenfrauen
dinge sagen
unverständlich
selbst für dich

fest

den freunden

noch die zerfaserte ferne
woran du hängst

lampions für diesen tanz
für dieses schmale fest

später schwingen masken
über der stadt

und der plötzliche einbruch
unter dem tanz

mit mirabellen werfen sie lächelnd
sich alle tage zu

jetzt
unter den bäumen zu trinken
stumm die toten zu sammeln

olmütz 1942–1945

vom bischofsberg die haube –
verwest denn hier kein stein?
das kind spielt in der laube
– ein wappenbild mit taube –
das kind spielt: ich bin klein.

die mutter springt ins feuer
die gasse stülpt sich um –
ein bischof im gemäuer
speist säulenungeheuer –
das kind spielt: ich bin dumm.

der vater bannt das wasser.
der sprungreif bricht entzwei –
ein schwarzer aderlasser
versammelt tausend hasser –
das kind denkt zweierlei:

es denkt: die wassergasse
der fluß erstarrt zu stein
und eine winterblasse
prinzessin taucht hinein.

es denkt: die flüchterflüche
nun wandert auch das haus.
der zaubrer in der küche
spült jedes lächeln aus.

vom bischofsberg der segen –
kein bild wird jetzt gemalt.
wir wollen die puppen in gräber legen
und unsern knochenmann freundlich pflegen –
das kind spielt: ich bin alt.

zwei traumfiguren

der setzt die maske auf der setzt sie ab
der spricht wenn andre schweigen
der wohnt in alten geigen
der gräbt sich selbst sein grab.

der flüstert sich zwei augen hin
der einen berg den keiner zwingt
der streicht sich silber an das kinn
das (wenn ers schlägt) wie zymbeln klingt.

es könnte sein wenn du nach ihnen fragst –
sie sind nicht da sie werden es nicht sein:
der eine wechselte das sein mit schein
der andre starb an dingen die du sagst.

an den weber jean lurçat

hast den hahn schon eingewoben
rot mußt du die federn loben.

leg auf hörnern dich dann schlafen
oder baue schnell den hafen –

trapezunt – trompeten reisen
die dich unter meere weisen.

auch den zorn vergiß nicht – grün.
flache geister die nur fliehn.

noah grüß den sternbildalten
das gewebe wird er halten.

für drei hände
zur erinnerung an clara haskil

finger einer finger zweie
daß sie dir die lichtspur leihe –
hände zweie hände dreie:
und die dritte ist aus luft
hört wenn sie die spieluhr ruft:

kleine spinne eingewoben
arielisch um zu loben
faunisch dann im wundergrauen
spitzentanze mit den frauen
die am abend in dem blauen
kreisel klammekleine feen schauen –
und die geister
die dort leben
holst du her –

aufgeschlagen zugeschlagen
wird der weiterwisprer sagen
murmelnd dich zum weltohr tragen
wo das stumme stimmen tragen.

römischer fisch

für h. b.

mein fisch schwimmt im stein.
die alte farbe dörrt. er schwimmt allein.

mein fisch steckt im kieselnetz.
wacht schuppenstumm vor dem gesetz.

gewitterbild

wenn sich das gewitter an bergschultern reibt
besuche den der feuerbriefe schreibt
der alle schimmel ins rappenland treibt
und in den flüssen trocken bleibt.

dort hockt der zwerg der immer singt
das fluchhorn schlimm zum heulen bringt
und in den erdenfäden schwingt
die ein vulkan voll zorn verschlingt.

rat

müdigkeit – dort schlafen kind
auf den wiegenden trommelästen
und treiben in geteerten kästen
auf sickerndem meer. du bist blind.

du bist gelähmt. in deinen tauben
ohren rauscht der fahrtwind rauscht.
dein fahrzeug hast mit wellen du vertauscht
die an den knochenküsten schnauben.

schlaflos – dort wachen kind
augen aus milch den fischen schenken
mit schläferarmen stürme lenken –
schon spürst du grund. das meer verrinnt.

du findest heim
für ofr

du findest heim –
das flußbett ist schon trocken
seiltanz ist die übung dieses tags –
laß dich von keinem gaunervogel locken
und wenn du müde bist dann sags.

du findest heim –
leg dich auf eine feder
versuch den flug der deine erde kennt
denn auf dem fluchtweg grüßt dich jeder
und du bist tot wenn dich nur einer nennt.

du findest heim –
die häuser sind schon offen
und alle dächer taumeln jetzt zum meer –
trau nicht: es heißt dich einer hoffen
und wenn du da bist schmerzt der absturz sehr.

du findest heim –
in puppen bläst der wind
trink ihre augen röte ihren mund –
sie suchen. verstecke dich in einem kind.
dort liegt die träne auf dem grund.

der liebende

er erfand die nacht
er erfand die täuschungen des atems
und die vielfalt der hände.

er erfand die tür
die sich nur zum hereingehn öffnet
und den wind der spricht.

er erfand
ein paar wörter
die niemand ändert
und die sich dauernd ändern.

er erfand den lächelnden tod.

wiegenlied für stefan

wo träume noch in nußschalen gehn,
wo hinter fenstern zauberer stehn –

eine wiege blau eine wiege rot,
schaukelwolke binsenboot –

kann auf den sternen um die sterne reisen,
kann mit dem schlaf den zwergenschlaf beweisen –

geht in träumen um als wär kein tag,
wo ist die welt so rund noch – sag?

im zwischenland

in den zankapfel hast du gebissen
und das gesicht nicht verzogen –
dann hast du den bittbrief zerrissen
und bist nach äternien geflogen:

dort wo mumien und papageien
auf drei füßen am strand spazieren
dort wo schön verschlissene lakaien
leere gräber mit schriften verzieren –

dort wo ein pferd mit flügeln
den abend in den mittag zerrt
hockt der witz auf silberbügeln
und wird niemals eingesperrt.

aus dem laut rufst du ein leise
und besprichst den uhrensand –
niemand fragt nach deiner reise:
jeder kennt das zwischenland.

der letzte elefant
auf eine zeichnung von werner vom scheidt

ich bin der letzte elefant.
vor hundert jahren fand
mich ein schwarzer prinz und band
an seinen traum mich fest.

der prinz ist tot. und meine haut
ist schwarz vom wetter angerauht.
auf meinem rücken war ein haus gebaut –
dort saß mein prinz und hielt mich fest.

ich konnte tanzen. ich war leicht.
man hat mich einst von hof zu hof gereicht:
seht diesen elefanten dem kein andrer gleicht!
und zog mir bunte decken über für das fest.

dann kam der brand der elefantentod.
die wälder sanken ein und auch die märchen starben.
die häuser wurden schwarz die erde rot –
das letzte fest war wild in seinen farben.

die prinzen starben und die löwen auch.
die tore schlugen zu das reich zerfiel.
der zauberer versuchte es mit götterrauch
doch jenem gott wars nur ein spiel.

ich bin der letzte elefant.
mein prinz ist tot. an einem strand
wo ich die wälder nicht mehr fand
hüt ich den letzten baum.

da singt kein vogel. nur der wind.
und sand macht meine augen blind.
vielleicht nimmt einmal doch ein kind
mich mit in seinen traum.

zeilen für k.n.

tropf schlafwurzel tropf!
beschirm den fragekopf
behüt die geister und das haus
laß aus der fabel keinen aus
verding dich in das kalte wesen
lehre tote wieder lesen
lock das immerleben her
traue keinem fänger mehr
schreib dich in das wasser ein
sei getrost im winterwein
setz den morgen auf die schwelle
schaff das meer mit einer welle
sei in allen sei in keinem
wurzle immer nur in einem:
tief in jenem grüblerkopf –
tropf schlafwurzel tropf!

wer?

ich wohn im flüsterkiel,
schon lange totgesagt –
nur eine regel von dem spiel
hat mich bis jetzt geplagt:

wer zählt die toten unterm wasser
und wer die toten überm wind?
wer zählt die töter und die hasser,
die unversehrt geblieben sind?

wer zählt die ungebornen kinder
und wer die namen ungesagt?
wer zählt die schätzenden die schinder,
wer hat die schläger je geplagt?

nun wart ich auf den sturz der tage,
wo dieses spiel sich selbst erfüllt –
wo jeder jammer jede klage
sich an der gegenstimme stillt.

dem spiegelgeist

in den spiegeln ein und aus gehn
stumm durchs wasserhaus wehn
in die spiegel blinde pflanzen
dort wo widerwelten tanzen
dort wo greise silbern segeln
spiegelmaß mit spiegelpegeln –
hinter spiegeln wieder fortgehn
sehend an den blinden ort wehn
fragen sammeln und bewahren
gesten hüten lächeln sparen –

dort wo stumm dem blind vertraut
ritzt sich geist in spiegelhaut.

verwandlung

treibe um und treibe aus
schmücke dir das rätselhaus
schließ das tor
stopf das ohr
stell den stummen stein davor
– wirst dann singen können!

reiß dich aus und pflanz dich ein
reib dich in den hüterstein
sei kristall
lausch dem fall
aufersteh im widerhall
– wirst dann schweigen können!

der spielgeist (1)
für h. h.

er schüttet wieder alles aus
augen spiegel und das haus
fletscht die zähne bändigt bilder
stimmt klaviere um und milder –

   schwarz schwarz schwarz
   die hand die lippen
   mal dem wind aus nacht die rippen

er steckt wieder alles ein
wunderstaunen spiegelschein
wiegt den hauch noch viel zu leicht
hat die unruh sanft gebleicht –

   blau blau blau
   die stirn die haare
   gib dem umweg tausend jahre

er schenkt wieder alles hin
wechselspruch und zögersinn
löst sich auf und treibt drauf zu
wechselt die gestalt im nu

   weiß weiß weiß
   die schwindlerfrage
   leg das nichts auf eine waage

der spielgeist (2)

aufgestöbert und zerbrochen
spielzeug an den kleidern baumeln
liest musik aus seinem taumeln
hat den aberwitz gerochen.

steigt ins lachen taucht ins weinen
sammelt beides streut es aus
schickt den sand ins wetterhaus
hält den andern für den einen.

klingelt kleistert klirrt und klopft
spottet türen reizt die zahlen
jubelt wenn ein knurrhahn tropft
und beginnt den laut zu malen.

widerworte

du hast dir deinen himmel selbst gemalt
und wenn du fortfliegst, stößt du nicht daran.
du hast mit keiner welt geprahlt,
vergessenes siehst du mit zutraun an.

du trägst die alten dinge sacht umher:
die spiele, masken und das szenenwort –
sie wiegen leicht, sie warn nie schwer,
verrücken dich und nicht den ort.

wo bin ich schon daheim, fragst du den schuh –
rufst dir figuren hoch, die niemand kennt:
sie bauen straße haus und turm im nu
und schlagen eine sonne an, die nichts verbrennt.

so bist du weit: wer dich erreichen will, der trennt
sich vom gesicht, das er sich aufgesetzt,
verläßt den namen, der ihn nennt,
verstößt das echo, das er durchgewetzt.

du lobst die silben, ächtest den vergleich,
stäubst floskeln aus und machst die wahrheit leer –
du spielst, verwandelst, schaffst ein reich
und holst von neuem alle widerworte her.

fundevogel

fundevogel, lieber reim:
siebenschlaf und honigseim –
plötzlich wacht der segen auf,
zögern ist sein lebenslauf.

dort wo andre länger wachen,
wacht er mit und schlitzt das lachen.
dort wo andre länger träumen,
hilft er, reisen zu versäumen.

find den vogel, lieber reim:
letzter schlaf und fliegenleim –
keiner spielt mehr, keiner lacht,
jeder hat sein nichts gedacht.

auf dem reim nach haus geritten –
fundevogel, kleines glück.
niemand wird den vogel bitten:
laß dich finden, komm zurück!

Mittlere Jahre
(1972–1997)

Novembergedichte

(1971)

1

Ach frage mich,
was ich aufheben soll.
Viel habe ich zusammengetragen
in den letzten Jahren:
Für wen könnte es nützlich sein,
wer hätte Spaß daran?

Es ist nichts, ich
bin sicher, es
ist nichts wert:
der Haß der andern
sammelt sich in wenigen Zeilen,
ein endloses Echo,
durch das ich wandere,
längst taub,
heiter von den wenigen
Sätzen,
die ich auswendig lernte,
um atmen
zu können.

2

Wäre ich mit ihr schlafen gegangen,
hätte ich ein Zimmer kennengelernt,
das ich mir ausdachte,

wenn ich nicht schlafen konnte,
so
streichle ich ihre Wange,
spüre ihre Schenkel an den meinen,
so
verabschiede ich mich
mit meiner Fantasie,
die Türen öffnet
und zu lange wartet.

3
Ich habe früher viele Briefe geschrieben:
Ich möchte dich sehen,
bald,
komm morgen,
kämst du heute schon.
Habe ich es verlernt?
Oder ist,
was mich stumm macht,
gestiegen
und löscht die Adressen,
die ich bewohnen wollte.

4
Das sechste Stück
von Schumanns Kreisleriana
ist bezeichnet
»sehr langsam«:
ich höre es lieber allein,

ich höre es
immer
allein,
und jetzt bin ich weit weg
von denen,
die
meine Geschichte kennen
und mich aufsagen könnten,
damit ich bleibe.

5
Anfänge ausprobieren:
ich bin in eine Stadt gekommen.
Sie bemühten sich vergeblich,
einander
zu treffen,
oder:
Am Abend ging die Dame aus.
Und dann,
ohne Absicht,
ein paar Sätze sagen,
die den Anfang vergessen,
nichts mehr erinnern,
endlich Zeilen,
aus denen ich hinausgehen kann,
ohne ein Wort
zu verlieren.

6

Natürlich kann ich mich unterhalten
und
mein Gelächter ist bekannt,
aber
wo lebe ich
und wer
kennt noch die Stichworte,
die ich brauche,
um hier zu sein.

Widmungen
(1965/1970/71)

Für Fritz Ruoff

Vor zwanzig Jahren Bilder,
die das Feuer höhlte,
        schmelzende Räume
und Gitter,
     hinter denen Asche sich häufte;
Gespräche über das Grauen
und die Gefangenschaft der Ideen;
Lehrstunden über Résistance und Alleinsein.
Kein Wort der Freunde,
kein Zuruf.

Aber Spaziergänge über den Berg
und die steigende Ruhe.
Gefährliches Schweigen.
»Drunten im lieblichen Tale«
die Stadt,
die ihn unterschlug.
»Nur hier kann ich sein.«

Dann die schwebende Auskunft,
ausgekühlte Sonnen überm Fluß,
und Kindermonde,
die strengen Figuren jenes Schweigens,
in dem er sich eine Handvoll Antworten gab:
die Linien für den Schmerz,

das Lachen,
das Denken,
und Nürtingen vorm Fenster,
ein Leben lang.

Windspiel

Mein Hund, den ich nicht habe,
nachts winselt er,
flieht das Haus,
meidet Spaziergänger,
erschreckt die Winterfliege,
beißt Stuhlbeine dünn,
nur
daß ich ihm keinen Namen gegeben habe:
Fafnir oder Bello,
grämt ihn.
Tagsüber gibt er sich nicht zu erkennen.

Epitaph auf Marilyn

Was Arthur schrieb,
war nicht das schöne Fleisch,
die künstlichen Tränen,
die Pailletten der Fünfziger,
Chanel Nummer fünf
als auswendig gelernte Antwort
auf den Neid der Mageren,
die Gier der Greise.

Manche mochten es heiß,
was fror.
Kein Wahnbild für möblierte Herrn –
eine Prinzessin aus den Fürsorgeheimen,
mit geringen Kenntnissen
in Orthographie
und verabredetem Glück.
Am Ende Telefon und Tabletten,
ein Rest von Chanel Nummer fünf,
die Dessous der Fünfziger,
aber kein Wort von Arthur und anderen.

Für Szondi

Sie sagen, ich spiele,
sie sagen nicht, womit und wie,
sie wissen nicht, ich bin schwer,
der Bestand an Trauer
nimmt zu,
und was ich mache, hält mich nicht mehr aus.

Ich rufe die Kinder,
gehe im Garten auf und ab
und verliere den Tag,
diesen Tag,
aus dem Gedächtnis.

Mit Szondi aß ich
am vierundzwanzigsten April
im Schweizerhof.

Jandl war dabei.
Ich weiß nicht
mehr, worüber
wir redeten.

Ich seh ihn,
die Schultern nach vorn
und fast schon
ohne Erinnerung.
Seine Stimme
kann ich
nicht hören.

Wie lange gelten die Spielregeln,
wenn einer sie kennt;
die Entfernung wächst
und die Unlust, den andern zu überreden.
Ich rufe nach den Kindern,
sie hören mich nicht,
sie spielen.

Selbstporträt 72

Jetzt,
wenn ich mein Gesicht
im Spiegel sehe
und nachdenke
über das Alter der Haut, der
Augen, und wann
es zu reden anfängt:

nicht mehr der, von dem
ich weiß, er wollte
hindurchgehn und nichts
hinterlassen als seine Masken:
Sätze und Figuren,
einige Wörter, die
ihm nachreden, ohne
Spott, aber lachend, und
mit Lust,
jetzt,
wenn ich
ihn ansehe,
lerne ich sein Alter und
die gewohnte Verzweiflung, die
die Haut nicht spannt.

An einen Freund

Der unverbrauchte Tag
will bitter werden –
nimm deine Gedanken
nicht zurück, doch
spare sie auf und
versuche zu reden
von leichteren Dingen,
vielleicht von der
Eiszeit, die unsere
Enkel erwartet und
von der Freundlichkeit weniger
unter Wölfen.
Dann laß uns
verständig
schweigen.

An ein Haus in der Bretagne

So leicht
bewohnbar.
So heiter.
So erfahren
im Wind,
und die Sommerwärme
speichernd.
Aber
ich frage mich,
abends auf der Terrasse,
den Freunden lauschend,
die Spiele
der Kinder einsammelnd,
wer hat damals
die Fensterläden
geschlossen
und gewartet
auf die Mörder,
wer hat die
falsche Spur gelegt
für die Bluthunde,
wer hat das Gewehr
an die Wange genommen
in der Dämmerung
und gewartet?
Geht einer von denen
am Haus vorbei,

grüßt zu leise
und spart,
um des Hauses, des Abends
willen,
das Vergangene aus?

An Mörike

Wenn gegen Abend
ins sparsame Licht
die Krähen einfallen
und
die Stimmen
in den Gasthäusern
lauter werden,
wenn die Mesner
angehalten sind,
den Abend
zu läuten,
wenn die alten Frauen
hinter
geschlossenen Vorhängen
ihre Verwünschungen
auszusprechen wagen,
wenn die Briefe
der Freunde
leergelesen sind
und Horaz nicht mehr
hilft,
säuft er sich
endlich
einen Rausch an

und es bekümmert ihn
nicht mehr,
daß er
seinen Zorn
nicht schreiben kann.

Einige Fragen – an wen?

Wie lange atme ich noch
und wohin führt mich
mein letzter Schritt?
Wann stürze ich
aus dem Raum
(dieser Fülle,
in der ich mich ausbreitete
und allzu selten fragte)
in die Fläche,
die niemandes Erinnerung
aufnimmt?
Wo und auf wem
endet mein Blick,
der zurücklassen wird,
was er sah,
so leicht
oder so schwer,
ich weiß es nicht –
auch die zuletzt
gehörte Stimme –
werde ich sie brauchen
können?
Was nehme ich denn mit
und
was hinterlasse ich?
Werde ich wissen,
daß es die Grenze ist

oder werde ich einfach aufgehn
in diese Tonlosigkeit,
die ich ahne,
vor der ich mich fürchte?
Wann
verliert ihr mich
dann
aus dem Gedächtnis
und was bedeutet:
verloren?

An den Ginkgo vor der Tür

Wenn ich hinaus geh
vor die Tür,
geh
und den seltenen Baum –
daß ich eins und
doppelt bin –
den ich vor Jahren
gepflanzt habe,
betrachte,
den Ginkgo
(bei Sabine L. las ich,
er werde New York überdauern,
diese Stadt),
dann frage ich mich
oder frage ihn:
Baum,
warum wächst du nicht?
Baum,
warum hältst du
den Frühling hinaus?
Baum,
warum überläßt du
den Sommer andern?
Baum,
warum überwinterst
du
leichter als ich

und nimmst mein
Gedicht vorweg.
Du bist schlau,
Baum.

Für M.

Nicht der Tod,
den ich vorausplane
wie einen Steuerbescheid
betreffs der schätzbaren
Kosten
einer Hinterlassenschaft,
die auch mein Leben war:
ein Anker,
der sein Schiff vergessen hat.
Dies ist
mein täglicher Tod.
Nicht dieser,
aber die, die sich
zögernd ausbreitet,
die wuchernde, die
verschwiegene Angst.
Komm, und schlaf mich leer.

Für Fabian

Wenn du es willst,
lasse ich es für dich
schneien, mein Sohn,
nur kann ich die Toten
nicht wegdenken
unterm Schnee.
Es ist Schnee
aus meiner Zeit:
da gab es noch viel,
da dauerten die Winter
einen Winter lang,
da wurden Schlittschuh
gebraucht, die Rodel
liefen nicht nur im Januar.
Deine Winter sind
keine Winter, mein Sohn.
Ich lasse es schneien,
meinen ausdauernden Schnee
für meine Toten. Doch
welchen Schnee für deine?

Zwei Versuche, mit meinen Kindern zu reden

I
Ich wollte dir erzählen,
mein Sohn,
im Zorn
über deine scheinbare
Gleichgültigkeit,
über die eingeredete
Fremde
zwischen uns,
wollte ich dir erzählen,
zum Beispiel,
von meinem Krieg,
von meinem Hunger,
von meiner Armut,
wie ich geschunden wurde,
wie ich nicht weiterwußte,
wollte dir
deine Unkenntnis
vorwerfen,
deinen Frieden,
deine Sattheit,
deinen Wohlstand,
die auch
die meinen sind,
und während ich schon
redete,
dich mit Erinnerungen

prügelte,
begriff ich, daß
ich dir nichts beibrächte
als Haß und Angst,
Neid und Enge,
Feigheit und Mord.
Meine Erinnerung ist
nicht die deine.
Wie soll ich
dir das Unverständliche erklären?
So reden wir
über Dinge,
die wir kennen.

Nur wünsche ich
insgeheim,
Sohn, daß du, Sohn,
deinem Sohn
deine Erinnerung
nicht verschweigen mußt,
daß du
einfach sagen kannst:
Mach es so
wie ich,
versuche
zu kämpfen,
zu leben,
zu lieben
wie ich,
Sohn.

2
Ich wollte dir erzählen,
meine Tochter,
von meiner ersten
Liebe,
von dem Schrecken
einer
fremden Haut,
von trockenen
suchenden
allmählich
feucht werdenden
Lippen,
vom Atem,
der einem
ausgeht,
von Wörtern,
die Luftwurzeln haben,
von der Sehnsucht,
für einen Augenblick
so zusammen
in der Mitte der Erde,
der Kugel Erde,
ruhen zu können,
der Kern,
um den alles
sich dreht.

Und am Ende,
Tochter,
roch ich unsern Schweiß,

die Mühe unserer
Liebe,
wie den von Fremden
und wußte,
daß Glück
so fremd riecht.
Du sollst es auch wissen,
Tochter.

An meine Stadt

Immer wieder,
als Kind schon,
träumte ich,
träume ich
von einer Stadt:
hoch auf einem Tafelberg
und unter einem
strudelnden Licht –
nicht mehr von einer Sonne,
auch von einem Mond
nicht;
diese Stadt, in der,
nach dem Verlust der Schatten,
die Geschichte des
Menschen handelt, in
einer einzigen
überschaubaren Szenerie,
in einer einzigen sich
von Leibern lösenden Stimme,
vom Anfang bis zur Dauer:
regellose Wirklichkeit
eines erreichten Glücks, in
dem die Bewegung sich
nicht mehr braucht,

die Ruhe aufgehoben ist in
einer sichtbar
gewordenen Zärtlichkeit:
das körperliche Licht
erfahrener Zukunft.

An meine andere Stimme

Ich wollte,
mein Gedicht könnte
singen.
Denn ich höre
eine Stimme,
immer wieder
eine Stimme
hinter den Wörtern,
nach denen ich
suche,
die nach mir
suchen,
Wörter, die
nichts mehr wiegen,
leicht sind,
leichter geworden sind
von der Suche
nach einer Stimme,
ihrer Stimme, die
das Schweigen
bricht,
endlich bricht.

Der alte Friedhof in Nürtingen

Vor einunddreißig Jahren stand
da noch ein alter Fliederbaum.

Als Kind bin ich die Wege oft
gegangen, lernte die Toten beim Namen
und
dachte mir Geschichten
für ihr Leben aus.

Dann zog ich fort.
Der Fliederbaum verschwand.
Der Friedhof werde,
heißt es,
nun planiert.

Da ruhn die Toten schon
zu lang;
so viele Jahre,
meinen die Planeure,
hält die Trauer
nicht.

Erinnerung an ein Zimmer

Die Interieurs
übriggebliebener Versprechen,
in denen
meine Erinnerung ein
und aus geht:
Ein enges, von
leichtfertigen Sätzen
bewohntes Zimmer.
Der Blick aus
dem Fenster –
eine kleine Lokomotive
zieht mit Tendern
eine Linie
über den Steinbruchrand.
Eine blaulackierte
Tür öffnet sich:
Ich trete ein in
Geschichten, in denen
ich mich auskenne und
die ich, damit du mir
glaubst, umschreibe.

Anrede

Du, es ist alles
vorbei und nichts ist
vorüber, es bleibt
dieser Moment: wir
erinnern uns, wir
tauschen, was wir
gewesen sind, wissen,
wie es war. Ich
bin älter als deine
Liebe, wir haben
uns überdauert,
was nicht mehr
bedeutet als der Blick,
mit dem wir uns
wiedererkennen und
voneinander abwenden.
Liebste. Jetzt gehst
du. Und ich?

An meine Feinde

Sie haben mir
die Haut abgezogen
und debattieren
über meine Wunden.

Ich versuche
mitzureden,
ihnen zu erklären,
daß ich friere
und meine
Seele
ihren Balg braucht.

Aber sie,
denen ich vieles
nachsah,
wissen es besser:
frierende Seelen
seien derzeit
üblich.

Satz für Satz

Deine Ängste schlagen an
wie Kettenhunde
und lassen mich nicht
über die Schwelle.

Ich werde am Morgen
wiederkehren,
wenn du mich
erkennst.

Wir wollten, du
weißt es,
Hand an uns legen
und leben.

Der vorläufige Tod

Der Riß aus mir
setzt sich fort
und sprengt die Welt:
es hält nichts
mehr zusammen,
was ich
beschrieb.

Morgens

Morgens, zwischen
den triefenden Stämmen,
kann ich ausbrechen
in Gelächter
und die Symmetrie zerstören:
Wozu brauchen wir,
die wir aus der Fassung sind,
solchen Halt?

Wiederholte Fragen

Kann man im Wasser
schreiben?
Hat die Luft
ihr Alphabet?
Sieht man am Himmel
noch
die Spur des Ikarus?
Auf welcher Linie
können wir ruhn,
ohne abzustürzen?
In welches Wort
werden wir uns zurückziehn?

Verwandlung

Die getrocknete Sommerhaut,
plötzlich
wächst ihr Gefieder:
der da
wegspringt
und mit den Flügeln
schlägt –
ihr könnt ihn nicht
aufhalten.
Er weiß seine Geschichte
auswendig
und wird an ihrem
Ende,
wenn alle am Schatten
kleben,
leicht werden
und sich trennen
von ihrer Nachrede.

Der andere Zustand

Meine Sätze halten
mich nicht mehr
aus.
Ich höre nichts mehr
von mir.
Die Wörter haben
mich verlassen
und totgesagt.

Zurückweisung

Nun, wenn ihr mir einen
Namen gebt,
ihr liebevollen Begleiter,
und
mich mit Gewissen foltert:
den
immerfreundlichen
nennt ihr mich
und zieht mir den
Schmerz ab
wie einen großflächigen
Ausschlag von der
Haut:
wir werden dennoch
zusammenbleiben,
wenn die Flüsse,
kochend von der falschen Sonne,
über die Ufer
treten,
wenn die Erdkruste springt,
und die Erfahrung unserer
bitteren Nähe
als Grenze ziehen
gegen das Ende.

Zuwachs

Ich werde alt.
Ich kann die Tage
von ihrem Ende her
lesen.
Das ist keine Kunst.
Aber angenehm ist es,
sich manchmal
voraus zu sein.

Märchen

Du wirst in Steinschuhn gehen,
schwer,
dem Märchen nachlaufen,
das dir ein Mund erzählte,
ein Mund im Spiegel,
ein Mund unterm Wasser –
du wirst übers Wasser
laufen,
in Steinschuhn,
leicht
vom Märchen, das deinen
Leib füllt mit Gedächtnis,
mit erzähltem Licht,
erzählt,
als der Mund sich öffnete
vor deinen schlafenden Augen
und dir versprach:
Du wirst in Steinschuhn gehen.

Auf eine Weinbergschnecke

1
Die Luft
versilbert deine Spur.
Könntest du
zurückschaun,
wüßtest du,
wie teuer du
ihr bist.

2
Die dir nachsagen,
du seist
langsam,
kennen deine Wege
nicht.

3
Es fällt dir
leicht,
zu versteinern:
aus Sehnsucht
nach einer
Hand,
die dich wärmt.

15. Juli 1980

Ich lege meinen Kopf
auf die Brust meiner Tochter,
der jüngsten.
Mein Kopf ist beinahe
so groß
wie ihr Leib.
Sie sagt:
Es ist schön so,
so nah
bist du jetzt,
sagt sie.
Ich höre ihr Herz.
Sie sagt: Du kannst
noch eine Weile
bleiben,
und atmet tief ein.
Welche Angst
hat
mein Glück.

Landschaft unterm Hohenneuffen

Wenn die Bläue mir fehlt,
dunkler überm Absturz der Felsen,
wenn der Neckar
in meinem Gedächtnis
das Morgenlicht nicht mehr
wendet,
wenn die Zeiger der Turmuhr
meinen Traum teilen,
fange ich an
heimzukehren,
in eurer Sprache zu reden
vor dem
verschütteten Tal.

Tübingen, nächtlicher Stiftshof

Die Nacht drückt
einen schwarzen Stein
vor die Fenster.
Der Morgen wird
ihn schmelzen
und verleugnete Sätze
werden herausbrechen.
Leise werden
sie laut.
So daß der junge
Tag
nicht gleich verdirbt.

Besuch in Hartmannsdorf (Sachsen)
nach vierzig Jahren

Da wirft meine
Vergangenheit
einen Kinderschatten.
Ihr habt ihn
nicht wachsen sehn.

Da redet,
was eure Vergangenheit
wurde
in meine Geschichte,
die ich anders
schrieb,
als ihr sie
hattet schreiben
wollen.

Aber die Wörter
teilen
wir noch
in unseren Geschichten.

Alte Liebe

Woher weißt du,
daß meine Knie
schmerzen,
daß Knoten meine
Finger teilen,
daß mir mein Atem
Mühe macht,
wenn ich dich liebe.
Woher weißt du,
daß ich fremd
gehe,
wenn ich heim will?

Sätze von Liebe

1
Wenn die Nacht
einen Riß bekommt
und meine Hand,
die ihn
zu schließen
versucht,
erfriert,
dann kehre mir,
Liebe,
den Rücken zu
und halte
meinen Atem an.

2
Ich träum dich
leer
und mach mir ein Lied
daraus.
Willst du dich
anhören?
Es wäre schön, ich könnte
bei dir
vorbeikommen
an einem Nachmittag,
wie im Gedicht –
nur hab ich mich zu früh

fein gemacht
für dich.
So kommt unsereiner
am Ende
nicht an.

3
Liebe,
ich hab dich als Wort
sitzenlassen
und nun
muß ich dich wieder
finden
in lange vergessenen
Sätzen.
Sag mir,
was ich sagte!

4
Das Glück,
in deinen Erzählungen
spazierenzugehn,
in deinen
Erinnerungen
zu verblassen,
aber in deinem
Mund
zu wohnen:
ein Name,

der dir
nicht mehr
über die Lippen kommt.

5
Seit längerem probiere
ich
den Schatten aus,
den ich werfen
werde,
wenn du mich
vergessen hast.

6
Mit meinem
Gedächtnis
wärme ich einen
Kiesel.
Dieser kleine Kopf,
hart und
kaum zu spalten,
schließt ein,
was mich
in die Flucht
treiben könnte.

7
Ehe ich geh,
werde ich meine Lieder
mit dir
teilen

und dir,
wenn ich zurückkehre,
zuhören,
um wieder
gehn
zu können.

8
Leichter
als das Morgenlicht,
leichter
als ein Gedanke
zwischen Schlaf und Wachen,
leichter
als der erste
vorgewärmte Buchstabe
jenes Worts,
das mich vertreibt,
will ich sein,
um dir zuvor
zu
kommen.

Nachträgliches Liebeslied

Ich beginne
zu enden
in deiner Umarmung.
Sei,
ich bitte dich, Liebe,
sei nicht
voreilig,
singe,
um in der Haut
zu bleiben,
schreie, um mir
nah zu sein:
Dieses Feuer
haben wir nicht
zu denken gewagt,
und diese Asche
wollten wir
nie sein.

Eine Art von Dauer

Es ist nicht mehr
der Atem
von damals, den
ich anhalte.
Ans Fenster habe ich
mit dem Finger
eine
verlegene Blume gemalt.

Du hast mich
nicht atmen gehört
und die Blume nicht
angesehn.

Nun
wiederhole ich
nichts mehr.
Ich ziehe dich aus
und mich,
verliere dich aus
der Erinnerung
und finde dich
neben mir.

Ich war bei dir,
als ich nicht
bei mir
war.

Möglicher Abschied

Nimm deine Mütze vom Fensterbrett,
zieh den Schal von der Stuhllehne,
hol den Mantel aus der Garderobe,
sag alles,
sag lieber nichts,
sag den letzten Montag auf,
sag den Regen von gestern auf,
sag einen Abend auf, nur einen,
sag mich auf,
sag nichts,
nimm die Falten vom Kopfkissen mit,
den Fußabdruck vorm Bad,
die Wärme von der Türklinke,
den Schlüssel aus der Vase
und geh.

Unreine Elegie

Wenn mir die Zunge aus dem Mund fällt,
alt und wortverschlissen,
wenn ich dir, Liebste, den Fluß schenke,
die Straße meiner Jugend, den Neckar,
samt einer Brücke, die unter
meinen Schritten brach,
wenn ich dir die geronnene Luft
eingieße in einen weißen Emaillebecher
mit blauem Rand,
wenn ich die Spiegelbilder der Weiden
aus dem Wasser fische und trockne,
wenn ich den zu dir schicke, der
ich war, ehe ich ans andere Ufer schwamm,
wenn ich wiederkehre, ohne den
Fluß und ohne die Stimme von damals –
wie empfängst du mich? Legst du
die weißgewaschnen Knöchlein
auf die Schwelle,
um mich zu warnen
vor meinem Tod?

Der Anfang einer Gewissheit

Von woher ich auch lebe,
welches Gestirn
ich auch wähle,
um meine Ankunft zu bestimmen,
welchen Schatten
von welchem Baum,
welche Ebene ich auch
entdecke,
so zu atmen,
wie ich es lernte,
welchen Hügel,
um in seiner Neige
zu schlafen,
welche Stadt ich auch erfinde
mit wohnlichen Straßen –
allmählich komme ich,
Wort für Wort,
zurück, erfahre
die Regeln meiner Wiederkehr,
und sei es
eine unerprobte Art von Liebe.

Zuruf

Stirb! doch verlaß dich nicht
auf aufgeschwätzte Tode.
Sie sind zu leicht,
zu leicht geredet,
und ertragen deine Zweifel nicht.
Sie aber müssen bleiben,
Schwellen zwischen Tür und Sturz,
sie müssen bleiben wie
der falsche Lockruf, der
den Vögeln ihren Himmel raubt,
dem Meer sein Land,
dem Haus sein Dach.
In einem solchen Rätsel
steckst du dann, daß selbst
der Zweifel seinen Satz vergißt:
Stirb! und verlaß dich nicht.

Nachgeburt

So halt ich an,
ein Kind in einem Mann:
die falschen Worte hab ich alle schon verbraucht,
in falsche Tiefen bin ich leichtfertig getaucht,
in falsche Lieben hab ich mich verstrickt,
an falscher Hoffnung bin ich fast erstickt.
Was fang ich an,
ein Kind in einem Mann?
Ich reiß die Haut entzwei und schrei nach Leben,
ich fühle mich mir selbst zurückgegeben,
halte mich aus und geb mich hin
an das, was ich verlor und was ich bin:
das Kind in einem Mann –
wie fang ich an?

Zwischen den Altern

Lauf, hol dich ein
und sieh dir ins Gesicht.
Du warst es lange nicht.
Jetzt kannst dus sein.

Einfache Einsicht

Vorm Hinausgehn
sich den grauen Hut
ausdenken,
ihn sich aufsetzen,
den Regen erwarten,
den Schleier des Regens,
ein Gespräch beginnen
mit jener,
die dich nicht erwartet,
die du erwartest,
solange du noch
den Schatten der Krempe
für den Horizont hältst,
den Rest des Tages
für dein Leben.

Eine Art von Glück

Wir trafen uns
unvorbereitet,
redeten uns
die günstige Jahreszeit
ein.
Du jagtest deine Hunde
voraus,
und wir tauschten
unsere Gesichter.
Wir erfanden ein Zimmer,
in dem wir
über uns herfielen,
glühend
von Sätzen,
die wir uns nicht
sagten.
Wir warfen uns
zwischen Phlox und Oleander,
riefen nach den Hunden,
erlaubten uns nicht
die Schreie, die gewöhnlich
auf unsern Lippen warten,
und schwiegen uns
Leben ein.

Mein Kaddisch

Du, schenk mir
den Rest deines Atems.
Die Toten füllen mich
aus.
Ein Balg bin ich,
schön geschminkt,
damit mir keiner
Leben abspreche.

Doch das Dach ist
auf mich gestürzt,
die Fenster erblindeten
unter meinem Blick,
die Blume, die mir
meine Liebste brachte,
schmolz ins Papier.

Ich will gehen.
Warum weidet ihr euch
an meiner
Geschichte, von der
nichts bleibt
als eine krause Spur:

da hab ich meine Toten
ausgestreut,
vor mir
und nach mir, wer aber
nimmt mich auf,
lebt mein Leben?

Leipzig
für Hans Marquardt

Für einen Augenblick
begegnete ich
dem Kind,
das mit dem Vater
im Sommer neununddreißig
vorm Reichsgericht stand,
diesem gepflasterten Berg,
den Druck seiner Hand
kaum mehr aushielt,
aufseufzte mit ihm
und erst wieder
zu reden wagte,
erleichtert,
als der verschwiegene Mann
ihm den Bahnhof
schenkte:
Er ist der größte
von allen,
glaub mir,
soviele Geleise hat keiner,
soviele Tauben,
soviele Züge,
du kannst ihn haben,
gleich jetzt,
bevor du es besser weißt.

Meine Mutter

Drei Tage lang
starb meine Mutter.
Sie liebte unerlaubt
einen Tagdieb,
einen Wegelagerer,
einen Namenlosen
behaupteten die Frauen,
die über ihre Treue
wachten.

Keinen Brief schrieb sie,
keinen Zettel:
Komm und hol mich.
Sie lief ihm einfach
zu.
Sie lief uns einfach
weg.

Die Wohnungen waren
aus den Häusern gebrochen
und die Wege vermint.
Auf den Dächern wuchsen
Birken.
An den Horizonten schwelte
Feuer.
Und die lang gedachte
Zeit

schmolz zu einem
Tag.

Ungeduldig
brach sie auf.
Wer wollte, ungeliebt,
noch einen Namen haben?
Schön war sie
auf dem Weg zum Tier,
auf der Flucht vor
dem eingeschränkten Leben.

Ich sah sie
vor der Stadt, dort,
wo die Soldaten
ihre Pflicht vergaßen,
sah sie
in seinen Armen,
sich das Glück ausreißend
wie ein Geschwür,
ohne Gedächtnis
und leicht.

Zurückgerufen
nahm sie Gift
und starb
drei Tage lang.

Mein anderer

Die Vogelschrift,
ich kann sie nicht
lesen.
Und der in der Luft
gefrorene Mann,
dieser kristallene
Totempfahl,
hält seine Rede
nicht für mich.
Ein Windstoß,
denke ich,
wird ihn zersplittern
oder eine Blume ihm
in den Fuß wachsen,
wenn die Sonne
den Boden wärmt
und ich mich frage,
ob ich bei ihm
bleiben soll
als sein Gedächtnis.

Unverfrorener Brief

Du wolltest, schreibst du,
hinaufziehen
auf den Berg,
dich entfernen,
doch nicht verlieren;
hoch hinaus,
schreibst du,
und ich lese
dein Lachen mit.
Die Liebe vom Vorjahr –
nun endlich traut
sie sich Wörter zu,
Konjunktive, tauglich
für den Schnee,
wo es unverfroren
bleibt zu erinnern,
zu wünschen:
Hättest du,
wüßtest du,
kämest du nur.

Schneelied

Mit dem Schnee
will ich trauern.
Schmelzen wird er
und deine Schritte
vergessen.
Hier
bist du gegangen.

Kehr zurück.
Laß dich bitten
mit dem erwachten
Fluß,
dem wieder
gefundenen Land.

Jetzt,
nach dem Frost,
tauen in meinen Briefen
die Sätze
und holen dich,
ohne Gedächtnis,
ein.

Kehr zurück.
Und sei
wie vor dem Schnee.

Flügel

Damals, entscheide du,
wie lange es her ist,
als wir uns rücklings
in den Schnee fallen
ließen, die Arme ausbreiteten
und wie mit Flügeln
schlugen, damals,
als wir Engel im Schnee
ließen: Frühlingsschatten,
der Abdruck unseres Glücks –
wir werden, Liebe,
ich bin sicher, uns
entgegengehen und
die Flügel werden uns
aus den Schultern
wachsen,
leicht und flüchtig
wie Schnee.

Ungeduld

Den letzten Schnee
hab ich dir
vom Hals geleckt.
Unsern Morgenschatten
haben wir
aus dem Eis gebrochen.
Du hast das Frühjahr
angefleht: Komm,
weh mir entgegen.
Doch dann haben wir
uns nicht aufs Jahr
verlassen
und zu brennen
begonnen,
dein Schatten
und ich.

Flüchtig

Dort,
unterm leichteren Tagmond
hab ich
mit falscher Währung
gezahlt.
Ich traf dich,
gab dir einen Namen
und zog die Küste
unter unsere Sohlen.
Willst du wissen,
wer ich bin? fragte ich
und dachte mir
mein besseres Leben aus.
Es würde,
ich wußte es,
nicht länger dauern
als die Spanne
zwischen Mond
und Mond.

Überlebensversuche

Ich zieh mir
die Haut ab
und dir über.
Bist du es?
Kann ich den Himmel
wechseln,
in deiner Stadt mit
dir
zu deinem Haus gehn?
Werde ich mit dir
ankommen?
Laß mich leben
zwischen mir und
dir.
Vielleicht
nimmt unsere Liebe
sich die Zeit,
die wir nicht
haben.

Andenken

Kann es sein,
daß dein Sommerschatten
meinen Winter
überdauert?
Erzähl mir noch einmal
deine Geschichte.
Ich sah dich,
ich hörte dich sprechen,
ehe du sprachst.
Ich überließ meine Lippen
der Luft,
und sie legten sich
auf deine.
Ich schlief deinen Schlaf
und wachte ohne dich
auf.
Erzähl!
Ich wärme
deinen Schatten
vorm ersten Schnee.

Erwünschter Brief

Schreib mir:
Noch im April
könnten wir
nach Venedig reisen.
Das ist ein Brief,
wie ich ihn
erwarte.
Schreib mir:
Du hast
ein Jahr gut
und kannst es
wiederholen.
Schreib mir:
Ich hab dich
noch nicht angefangen,
es könnte mit dir
gehn.
Schreib mir:
Bleib weg,
damit du mir
bleiben kannst,
und schreib mir:
Noch im April
könnten wir
nach Venedig reisen.

Ich bau dir ein Zimmer

Ich bau dir ein Zimmer,
sag ich, es schwimmt
auf dem See, es hängt
zwischen Ästen im Baum,
es nimmt seine Wände
nicht ernst, es wird
weit, es wird eng.

Ich bau dir ein Zimmer,
sag ich, für alle
Jahreszeiten, einen Teppich
aus Schnee, und den
Sommer in der Tapete,
die Wiese unterm Tisch,
Weinlaub an der Tür.

Ich bau dir ein Zimmer,
sag ich, es ist unsre
Wiege und es ist
unser Sarg. Ein Zimmer,
sag ich, aus Nichts
und aus allem. So haltbar
wie dieses Gedicht,
das du bewohnst.

Erinnerung an Liebe

Teilte ich die Blätter aus,
auf die ich
meine Verabredungen für morgen
schrieb:
Wer käme?
Weiß ich noch den Erdteil,
den wir uns versprachen?
Ich hab dir ein blühendes
Gebirge aufgeredet,
die verwegene Haartracht
alter Wälder;
ich hab dir ein Bad
in wieder vergessenen Flüssen
versprochen.
Nichts,
nichts hast du,
nichts hast du mir
gelassen:
Du bist die Schwarze,
die den Spiegel sprengte,
du bist die Zwergin,
die mir die Taschen
ausräumte,
du bist die Sanfte,
mit der ich am Morgen
auf der Schwelle schlief,
du bist jene mit den erwachten

Augen,
die nichts sagte,
die mir die Zunge
auf die Zunge
legte.
Könnte ich,
wiederholte ich dich,
Liebe.

Ankündigung

Noch immer
kann ich mir Reisen
ausdenken
und nicht zurückkehren,
einen Teppich knüpfen
oder
meinen Garten
auf den Kopf stellen,
noch immer
kann ich Lebensläufe
erfinden,
dich;
den Frühling aufsagen
und mich auf den Winter
einstellen –
aber
wie kann ich mich
hinterlassen,
daß ihr weiter
mit mir umgeht
und auf den Reisenden
wartet:

Er hat sich angesagt,
kommen wird er, bald,
ein Glücklicher, dem
das Pech an den Sohlen
klebt.
Streichelt ihn,
bis er glüht.

Abendsätze

Dich schlafen zu sehen,
eingerollt
wie eine Katze
und ausgeschlossen
zu sein
aus deinem Traum –
nach so vielen
Jahren
genieße ich es,
nichts zu haben
von dir
als dieses
ungleiche Vertrauen.

Das andere Leben

Schlüpf, erwärmte Seele,
unter den Balg, ins Holz,
unter den Schnee,
atme den Atem der schon
Verlorenen,
nimm auf, was verworfen wurde,
belebe den Staub,
die gedörrten Gedanken,
niste dich ein
im Kiesel, im Fels,
in der wartenden Leblosigkeit,
ein erinnernder Kern,
der das Kind ruft
und den Greis,
der die Liebe häutet
bis ans Herz,
der die Wörter wendet
und den Horizont sprengt:
mein Gefängnis, meine Geschichte.
Brich auf, erwärmte Seele.

Mitteilung

Meine Hinterlassenschaften haben
kein Gewicht.
Wieviel wiegt ein Satz,
wieviel ein Zuruf,
den ich unterließ?
Wieviel der Augenblick,
in dem ich dich
erfand.
Hörst du mich?
Hör ich dich?
Die Nacht könnte sich
spalten
für den einen Tag,
der uns einholt
und wiegt,
was wir gewesen sind,
ich
und
du.

Finis

Als unterm Eis,
dem großen, letzten,
das die Erde einschloß
und kühlte
nach dem rasenden Feuer –
als unterm Eis
die Rufe, die Schreie,
die Seufzer sich
sammelten, losgelöst
von den Mündern,
winzige Blasen,
in denen die Laute
vorm Schweigen erstarrten –
als unter diesem Eis,
das keiner je sehen wird
außer dem Einen,
den nie einer sah,
die Rufe laut wurden,
die Schreie, die Seufzer,
begann die große Kugel,
sich an Wärme erinnernd,
ans Leben, vom Kern
her zu bersten. Und
der Himmel weitete sich
zum Abgrund.

Meine Landschaft

Meine Landschaft will ich wecken,
unter dem anhebenden Licht,
Wege ziehen will ich, wild,
mit offenen Enden,
Hügel will ich aufwerfen,
in unregelmäßigen Sprüngen,
sie mit Felsen schärfen,
ihnen Wälder aufsetzen,
schwarz oder mit farbigem Saum,
Bäche will ich
springen lassen,
Gedanken an freundliche Begleiter.
Meine Gegend,
wo ich mir ein Haus denke,
von dem die Luft
den schönen Umriß weiß,
dort, wo Gärten
als Verse bleiben,
in diesem seltenen Licht,
dort,
wo ich sein werde.

Deutschland

Kein
Stand
Ort.
Fremd bin ich
will ich bleiben.
Zweimal hinausgeworfen aus
meinerdeinerunserer Geschichte
aber die Sprache gelernt
die
Mutter
Sprache.
Und eine Weile
das
Vater
Wort.
Das Haus verbrannt
ausgetrieben
Vater und Mutter
aus dem Leben
und nichts blieb
als Gegenden
umschlossen von Namensschalen
ChemnitzHartmannsdorfDresdenBrünnOlmütz-
Zwettl Nürtingen.
Später die auf Bläue
treibenden Hügel
meine Alb.

Und die Geschichte? meinedeineunsere?
Groß will sie geschrieben werden
will einig sein.
Aber
in der Fremde
weiß ich es besser
in meinem Land
in dem einst
der schöne Tod befohlen wurde
und nun die Habe gilt
weil Verluste schwer wogen.
Ich
weiß
es besser.
Fremd will ich
bleiben
in meiner Geschichte
deinerunserer
Geschichte
die aufblüht.
Ein paar Lieder
Gedichte
Zeilen
und Bilder.
Doch
kein
Stand
Ort.
Hier
will ich bleiben
fremd.

Spätes Liebeslied

Komm, wir gehen Berge versetzen.
Wir stülpen die kranke Erdhaut um.
Komm, wir spielen mit dem Entsetzen
Und nehmen Katastrophen nicht krumm.

Komm, wir lieben den Himmel herunter.
Er schmutzt das weißeste Linnen ein.
Komm, wir dichten die Finsternis bunter
Und kehren bei den Giftmischern ein.

Komm, wir fügen uns zusammen
Zu einem Stein, der im Feuer besteht.
Komm, hab keine Furcht vor den Flammen.
Komm, ehe der Welt der Atem vergeht.

Noch einmal YAMIN

Dich, den ich mir rief,
neunzehnhundertvierundfünfzig,
dich, den ich brauchte,
als die Übriggebliebenen,
vom Krieg entstellt,
die Trümmer in sich verbargen,
dich, den ich mir dachte,
vogelleichter Bruder,
kundig im Einsammeln
von streunenden Gedanken,
erpicht auf Wörter,
die mich über den Tag trugen,
durch die Nacht,
dich ruf ich mir her
für diesen einen wiederholenden
Augenblick:
ich, alt und ohne Hoffnung,
daß erneut
ein Geist wie du
mich erlöse
mit einem Frieden, der
keinen Namen braucht,
gewichtlos wie Glück und Tod,
ich, alt und ohne YAMIN,
der mich lehrte,
wie jung der Frieden sein muß,
damit er bleibe.

Morgenrede

Kann ich denn nun erwachen,
mondgeprüft und von
vergessenen Träumen ausgezehrt?
Wen frag ich? Dich?
Du hast dich fortgestohlen
und meinen Schlaf beraubt.
Nichts bleibt mir als
der Abdruck deiner Hand
auf meiner Stirn.
So leicht, so schwer
wie diese lange Nacht,
in der ich dich verschlief.

Klarheit

Dieser Tag noch.
Und ein anderer.
Die Aussichten beginnen
sich zu schließen.
Die Jahreszeiten bleiben,
alle, ohne Wechsel.
Der Wind gerinnt.
Kein Sternbild zeigt
mehr den zukünftigen
Himmel an. Schön und klar
stehen Sätze von Liebe
am Rand: dort,
wo mein Leben endet.

Vom Efeu

Der Efeu am Haus,
höre ich vorm Fenster
den Gärtner sagen,
der Efeu
altert sichtbar.
Woran das
zu erkennen sei?
frage ich:
Und ob nur
im Winter?
Vielleicht falle,
erklärt der Gärtner,
die Veränderung jetzt,
in der laublosen Zeit,
eher auf: Im Alter
nämlich klettere Efeu
nicht weiter. Er staue
sich vielmehr in
kleinen Knollen,
beginne, was er
vorher nicht konnte,
unscheinbar zu blühen.

Doppelporträt

»Das bin ich«,
schrieb neunzehnhundertsechsundzwanzig
Otto Dix
unter eine Zeichnung.
Das schreibe ich
neunzehnhunderteinundneunzig
an den Anfang
dieses Gedichts.
Ich denke sein Bild
in den Spiegel,
in dem ich mich
erkenne –
meine Zeit auf seiner,
seine Züge in meinen,
und vergesse,
seine Jahre messend
an meinen,
keinen Augenblick
das vertane Glück,
die ungedachten Gedanken,
die ausgelassenen Anfänge
und
die erinnernde Sucht –
Kern unserer Kunst –,
die ihn sagen ließ,
was ich ihm nach
schreibe:
Das bin ich.

Nach der Klaviersonate B-Dur
von Franz Schubert
Für Christoph Eschenbach

Weil dieser kleine krumme Mann
uns sang, auch das, worin wir sind;
weil er nur war, was er ersann
– ein Greisenrest in einem Kind –,

hört unsre Welt nicht auf zu sein,
auch wenn wir ihr verlorengehn.
Uns singend holt er alles ein,
was uns erfüllt und was wir nicht verstehn.

Krieg

Hinunter.
Das Land, das ich erdachte,
bricht weg
wie ein Stück Schiefer,
hinunter.
Hinunter
ins irrende Gedächtnis:
Schon wieder Krieg?
Nach wie vielen Kriegen
schon wieder Krieg?
Ich lag verschüttet
unter meiner Kindheit.
Nichts nahm ich mit.
Nun bricht's von neuem
weg,
was ich fand, erfand,
mein Land,
stürzt hinunter:
eine Tafel mit
meiner verwischten Schrift,
und verglüht
im Krieg,
im nicht mehr angesagten Krieg.

In diesem Sommer

In diesem Sommer
wachsen
die Wüsten.
Die Wolkenschatten,
die uns kühlen,
geben uns
eine Frist.
Ich werde
die Oasen zählen
und die Vögel fragen,
wohin sie ziehn.
Sie werden, ich
weiß es,
keinen Rat wissen
und ein paar Federn
hinterlassen,
die Kiele kräftig genug,
unsere Bleibe
in den Sand zu schreiben:
Hier.

Wunsch

Die junge Frau
in dem Café von Montalcino
mit dem aus Sonnenholz
geschnitzten Gesicht –
ausdauernd beobachte ich sie,
und ihre gleichmütige
Schönheit erinnert mich
an unterlassene Gespräche
unter Zypressen,
an kühle, in den Abend
führende Zimmerfluchten,
an die Schatten
von Heiligen, die keine
Gebete erhören,
und ich wünsche mir
eine Zeile zu sein
in ihren Gebeten,
jene vielleicht,
für die sie sich
einen Gedanken lang
schämt.

Ein Engel des Hieronymus Bosch

Von diesem, dem Engel der Lust –
auf tritt er als schimmernder Fächer –
haben die frühen Propheten gewußt;
sie sandten ihn aus: einen frivolen Rächer,

der Gott vergaß und einen Teil
des Himmels redend mit sich führte,
bis er sich erneut bekehrte, weil
er Gottes Fragen auf der Zunge spürte.

So mischte er sich in die Lüste vieler,
ein freches Feuer unter der Haut –
von Gott nicht vergessen, ein selbstvergessener
Spieler,
der allein dem himmlischen Augenblick traut.

Engel der Liebenden

Erpicht bist du
aufs Blühen,
auf den wortlosen Gesang,
auf den Austausch von Haut,
auf die geteilte Angst –
leise, mein Engel,
halt den Atem an –
erpicht bist du
auf das bilderlose Gedächtnis
am frühen Morgen,
auf die Seufzer deiner Schwestern
Julia und Ophelia,
auf Wörter im Wasser,
auf die springende Lerchenbrust
und
alle alle aufgebrauchten Anfänge:
mein Engel.

(Beim Anhören des Impromptu Nr. 1 in f-Moll, D 935,
von Franz Schubert)

Immer wieder geht es
dir verloren,
dieses wortlose Lied.
Du treibst es dir
aus
und uns
ein.
So soll wandern,
was den Bildern
die Erinnerung nimmt,
dem Gesang
den Grund.
Endlich schwebt,
was dir
zu schwer wurde.

Melancholie,
meine Beschützerin,
süchtig nach Grenzen
und verbündet mit Verlusten.
In welcher Sprache
kann ich dich lesen?
Immer sind es die unerwarteten
Wörter,
aus denen die Trauer
bricht.

Schneegedichte

Nichts, was erstarren kann:
Heiß unterm Schnee
die Sommerschritte
und die Linien des Vogelgesangs.
Unmerklich häutet sich
die Erde.
Erst, wenn im April
auf dem See das Eis
reißt
und im Donner
durchsichtig wird,
kehrt die Erinnerung zurück.

2

Ich rede mir Bläue ein
und atme sie aus.
Die Berge stürzen
hinter den Horizont.
Es könnte sein,
das Meer steigt hoch
und schwemmt meine Kinderjahre an:
Buchstaben im Schnee,
der Abdruck einer Frauenhand
und eine Mütze,
sehr klein und hart
vom Frost.

3

Immer schneit es,
wenn Krieg ist.
Soldaten schwimmen unterm
Eis,
das Gesicht zum Grund.
Eine Stimme ruft
und will mich
ersticken.
Wer kann fliehn vor wem?
Wen frißt die Lawine?
Im Schnee wirst du
schlafen
bis zum nächsten Krieg.

4

Ich sehe ihn, den Hut,
den Hut im Schnee,
und weiß, wie er lag,
ein Dichter, mein Dichter,
endlich nach allem Schlaf
und
unter den Wörtern,
die schneien –
dieses eine Bild
in meinem Wintergedächtnis:
wie Glück friert.

5

Schneeweißchen,
eingefroren in ihr Märchen
hinter
den sieben Spiegeln.
Wenn es taut,
lange
nach meiner Zeit,
kehrt es zurück
als Ophelia.

In diesem Sommer

In diesem Sommer wachsen,
sag ich dir, die Wüsten.
Ich hab sie gelesen.
Die Wolkenschatten,
die uns kühlen,
geben uns eine Frist.
Du könntest, sagst du,
Oasen erwarten oder
Vögel nach ihnen
fragen.
Aber nichts werden wir,
sage ich, finden,
als ein paar Federn,
mit deren Kielen, kräftig genug,
wir einen Kreis um uns ziehen
und schreiben:
Hier du, hier ich.

Vor der Linie

Gib es auf,
die Finsternisse
zu zählen.
Die Tablettensäulen
wachsen.
Woran willst du
ersticken?
An den Wörtern,
die sie dir
nachwarfen,
an den Sätzen –
sie wuchern und
es gibt kein Mittel
gegen ihr
Gift.

Glück

Nichts mehr,
was dich treibt,
nichts mehr,
was dich hält.
Auf den Hügel hinauf
und solange
nach innen singen,
bis die Stimme
dich aufhebt
und mitnimmt.

Alte Liebe

Guten Morgen! weh uns,
Liebste, der Abend
dauerte uns zu lang,
fast ein Leben, und
wie stehen wir nun auf,
wie ertragen wir
das Licht, wie, ach wie
kommen wir in unserer
Haut aus, wie haben wir
die Morgenspeis zu uns
genommen, wir allzu
Verspäteten, wir
dennoch Glücklichen,
wir Grabschaufler, wir
Erdkrumenzähler, wir
aberwitzig Endlichen:
Du den Mund voller
Erde und ich auch,
du, die Zeit aus dem
Leim, und ich auch.
Du in dir und ich
in mir: Schlaf weiter,
Liebste, ich leer
dir den Mund.

Die Alb

Quer gebaut durchs Land
und an den Rändern
steinig gerissen,
hungrig immer nach Bläue,
auch winters,
wenn der spiegelnde Himmel
versteckte Wege
zeigt.

Da läßt es sich lärmen.
Und Schweigen
üben.
Da läßt sich aus Gesang
ein Hügel türmen
oder ein steingehäkeltes Schloß.
Da läßt es sich in
Kinderwiesen zurücklaufen,
eine Strophe aufsagen,
die den Silberdisteln
den Hut lupft
und den Dompfaffen
den Kopf wäscht.

Schön geht der Blick
hinunter ins Land,
wenn er fliegen lernt
und schwindelnd stürzt
von diesem quer
durchs Land gebauten Riff.

Heimkunft

Heimkehren,
den Fluß nicht mehr
finden,
das Tal,
deine Stadt,
die ich für dich aufhob,
nicht mehr,
was blühte, die
Stimme der Mutter –
Nun,
unter den wurzellosen
Bäumen,
die in der Rinde brennen,
geschieht,
was du ahntest,
was du uns ausreden wolltest
in Sätzen,
die keiner mehr lesen kann –
Nun:
Die Asche, die
irdene Schale ohne Stimme,
die unleserliche Stadt
unter dem ausdauernd blicklosen
Auge;
niemand sonst, der
sie noch sähe.

Neujahrsschild für 1995

Wenn die Sonne schlafen geht,
schwefelleicht und schwer,
und der Mond auf Spitzen steht,
steigt das alte Meer.

Und die Erde wiegt ein Kind,
als hätt sie ihren Stern.
Sie wiegt es stumm. Sie wiegt es blind.
Das Kindlein wird zum Kern

der Welt, die niemals schlafen geht,
geschunden und verheert
vom Sturm, der seine Runde weht
und Land und Städte leert.

Sterbelied für Tante L.

Bleib ruhig und atme aus.

Erschrick nicht. Alles ist neu:

Sogar BrnoBrünn,
deine alte Stadt,
der Kinderpark auf dem Domberg
mit dem knarrenden Tor
für die Nacht,
der verrottende Drachen
unter den Rathausarkaden
und die Würzwolke
vom Krautmarkt.

Bleib ruhig.
Beginne deinen Atem zu sparen,
und
leicht bist du
für alles,
was sein wird, was war:

Die Schwester und der Mann.
Die Schwarzen Felder.
Die beinahe vergessenen
Geigen Janáčeks
und das Glück,
Krebse zu würzen,

Karpfen zu bläuen,
mit einem Lachen
Wein zu kredenzen,
mährischen.

Dobrou noc. Sei ruhig und komm an.

Verabschiedung

Ich werde gehn,
ich habe gesagt:
weil ihr
euer Gedächtnis
verloren habt,
weil ihr
nur wenige Stunden
alt sein wollt,
weil ihr euch vergeßt,
weil eure Vergangenheit
blind und taub ist:
diese zugewiesene Amnesie –
ich werde gehn
mit meiner Geschichte,
die euch
ärgert.

Zeilen für den nächsten Abend

Meine Haut wird enger.
Die Jahre haben sie gespannt.
Es kann sein,
auch meine Stimme
wird leiser.
Komm, Abend!
Ich sammle das Gelächter
von gestern,
das schöne Selbstvergessen,
und verschenke dies alles:
die fremden Stimmen,
die mir vertraut wurden;
alle jene verwegenen Sätze
der Hoffnung;
Gesichte,
die ich auswendig kann;
und diese Bescheinigungen,
die
den Tag haltbar machen sollen –
verschenke dies alles
für die Zärtlichkeit
an Abenden,
an denen eure,

meine Geschichte
zu einem Satz wird,
den wir tauschen,
unentwegt:
das Glück genießend,
aufzubrechen
ohne Verabredung für den Morgen.

Hoffnung (2)

Aber ich sag dir,
damit du nicht
fortgehst,
es lohnt sich
zu warten,
denn wir werden
mit den Bäumen
zurückwachsen
in die Wurzeln,
mit den Strömen
umkehren
zum Berg,
mit den Steinen
weich werden
im Feuer
und endlich
erzählen können,
was wir sein wollten.

Wenn jeder eine Blume pflanzte,
jeder Mensch auf dieser Welt,
und, anstatt zu schießen, tanzte
und mit Lächeln zahlte statt mit Geld –
wenn ein jeder einen andern wärmte,
keiner mehr von seiner Stärke schwärmte,
keiner mehr den andern schlüge,
keiner sich verstrickte in der Lüge,
wenn die Alten wie die Kinder würden,
sie sich teilten in den Bürden,
wenn dies WENN sich leben ließ,
wär's noch lang kein Paradies –
bloß die Menschenzeit hätt angefangen,
die in Streit und Krieg uns beinah ist vergangen.

Der Friedensbote
Zwettl 1945

Ich hab den Frieden gesehn.
Er kam, sich wiegend,
auf einem Panjewagen,
jung,
den Leib voller Gelächter,
einen roten Stern
auf der Mütze
und warf uns
einen Laib Brot
zu; er
war warm.
Kein Krieg mehr,
rief er,
Frieden,
rief er.
Die Pferdchen rieben sich
aneinander, als
er sie antrieb.

Schon war er wieder
fremd
und
unsere Furcht
hat er nicht
mitgenommen.

Späte Gedichte
(2000–2007)

Zwischen den Jahreszeiten

Der Garten leert sich,
die Vögel ziehen ihre
Stimmen zurück, und
der überwachsene Stein
wird sichtbar.
Ich lerne das Frösteln
wieder,
lehne mich an
die Ziegelmauer,
sehe meinem Atem nach,
der nicht weit kommt,
und denke an den Sommer,
der mich ausstieß,
mich mit Schüttelfrost
winterfest machte
in den Nächten zwischen
den Jahreszeiten,
in denen ich die alten
Buchstaben vergaß
und neue
noch nicht schreiben konnte.
Mühsam
beginne ich nun
zu reden,

schaue hinüber zu dir
und warte,
wie nach so langem Schweigen
die Antwort
ausfällt.

Allmählich entfallen mir
die Gegenden.
Nur noch die eine,
der Hügel,
auf dem mein Engel
seine Flügel
abstreift,
dort, wo Wege sich gabeln,
Koffer offen liegen,
gefüllt mit Schnee,
bereit
für meine Reise.

Nachts
türmen sich Hügel auf
und verschwinden wieder.
Sterne wandern,
ordnen sich zu neuen Bildern:
der Kleine Wolf und
der Alte Bär.
Mühelos gelingt es mir,
mein Kinderdorf aus dem Schlaf
zu rufen.
Die Schwester,
die ich vergaß,
halte ich plötzlich
an der Hand:
Sie kommt,
wenn es tagt.

Mit Greisenschritten
gehe ich
in mir herum.
Meine Ungeduld wächst.
Manchmal aber
finde ich den alten
Schritt,
ausholend, für den Morgen
gespannt,
und wandere
den geliebten Hügel
hinauf:
dort, wo die Windräder sausen
und Kinder spielen,
was ich ihnen
aufsagte.

Mich friert das junge Jahr.
Ich nehme mir vor,
die Vögel zu empfangen,
die in den Garten
einfallen werden,
bald –
den Dompfaff vor allem,
der den Elstern
widerstand.
Ungeduldig halte ich
nach ihm
Ausschau.

Längst zum Wegelagerer geworden,
der aufhält und beraubt,
was nachkommt.
Nichts wird mir entgehen,
nicht
die aufgebrauchte Liebe,
nicht
der hoffnungsvolle Leichnam
namens Zukunft,
nicht
der ausgebleichte Schatten,
der mich zu früh
verloren
gab.
Ich behalte sie
bei mir
und lasse sie
zurück.

Die Briefe,
die ich ausschickte,
kommen zurück,
einer nach dem andern.
So lerne ich
schweigen
und streiche,
einverstanden,
die Sätze
von den Seiten.

Komm, Kind,
hol den Alten aus der Wand,
ruf ihn,
kleine Königin,
er hat dich
erwartet.
Setz ihn aus
und sprich ihn frei,
pflanz ihm den
Stern in die Hand
für eine Runde:
Bis zum ersten Wort.
Bis zum ersten Schritt.
Dann kann er
gehn.

Fang die Stimme ein
und nicht den Vogel.
Schließ die Augen
und geh ins Bild.
Ich könnte mit Macke
nach Tunis reisen,
mit Klee nach Kairuan.
Kannst du Farbe
falten,
Noten springen lassen?
Nur eine Reise noch –
nicht nach Tunis,
nicht nach Kairuan.
Fang die Stimme ein.
Und geh ins Bild.

(Prag)

Ein letztes Mal
in Golems steinernen Büchern
blättern.
Nichts wird mehr erzählt.
Ich verwechsle Schatten
und wage es nicht,
sie anzureden.
Vielleicht mein Vater –
er verliert sich
in der Schrift.
Er plante sein Glück.
Er lernte das Recht.
Dem Kind stellte er
die Heiligen
auf der Brücke vor.
Und Wörter warf er
in den Fluß:
dreiunddreißig Tauben.
Ich wiederhole Gänge,
seine, meine.

(für Hannah)

Eingewachsen
in meine Armbeuge.
Ich kann dich wiegen,
Kind,
in den Tag,
in den Abend.
Bewahrt bist du
in allen Fluchten,
vor den regnenden Steinen,
vor den steigenden Wassern.
Am Ende wird
das geteilte Leben
dir gehören, Kind,
entwachsen meiner Armbeuge.

(12. 4. 1999)

Am Kinderhaar
aus der Fluchtspur gezerrt.
Was heißt schon:
gerettet.
Da kreuzen sich wieder
Lichtfinger am Himmel, der
seinen Horizont verbrennt.
Keinen wirst du
dort mehr erkennen.
Vergiß, sagt Mutter,
den Koffer nicht
mit den Papieren.
Der ging mir immer
verloren.
Nun hört das Kind,
ohne mich,
auf zu reden
im neuen Krieg.

(für M.)

Ich erzähl dir einen Garten,
unsern letzten, ich erzähl
dir zuerst die Hecke, damit
der Himmel seine Grenze hat,
ich erzähl dir Blumen,
die ihre Farben tauschen,
ich erfinde dir einen Teich,
in dem die Schatten Körper werden,
Nixen und Nöcks, und Bäume setze ich,
die von einem Tag in den andern
ihre Äste verschränken – ein Schirm
aus Laub und Vogelstimmen,
ich spanne dir den Rasen aus,
das alte Tuch mit Kindertritten,
und alle Jahreszeiten schick ich
in einem Atem drüber weg –
einen Garten erzähl ich dir,
unsern.

Meine Toten wachsen
in mich hinein,
stumme, sich ausbreitende
Geschwüre.
Maserungen in meinem
Fleisch.
Mit der Zeit
werden sie mehr sein
als ich.
Wucherungen,
die meiner Seele
den Raum rauben.
Nur mein Gedächtnis
sparen sie
aus.

Du, rede ich mich an,
du flüchtig Verdoppelter,
und doch nicht gut
für den Spiegel.
Mein Du für die Dauer
dieses Gedichts:
Du, den ich hier lasse,
eingefaßt in Wörter,
Du, mit dem Gedächtnis
einiger Zeilen,
Du, ein knapper Atemzug,
Du, mein wankelmütiges Herz,
mein Jetzt.

Komm, fremder, mir noch fremder Schlaf,
komm, Schlaf der Alten,
träg und sprunghaft,
leere meine Träume
und leg dich am Tag zu mir,
füll mich aus,
zieh deine Teerspur
durch mein Gemüt,
schwärze meine restliche Zeit,
bis ich mich deinen Launen füge,
bis ich bereit bin,
dir nachzugeben, dir zu gehören,
mein Schlaf.

Weg gehen –
die Signatur einer Spinne
an der Wand:
So brüchig schreibt
die Dauer.
Traut mir nicht!
Ich setze ein Schiff aus
und warte,
bis die Flut den Garten erreicht.
Mein Blick
steht schon unter Wasser.
In diesem Herbst tanzen die Puppen,
verspreche ich meiner kleinen Königin
und werfe
die durchtanzten Schuh
für alle Fälle
über den Zaun.

Meine Städte wachsen
zusammen.
Straßen verbinden sich,
von jetzt nach ehedem.
Parks wuchern ineinander.
Unlängst bin ich
in einem dottergelben Palais
mit einem Bischof
durch Säle gelaufen,
den Krönungsstuhl Franz Josephs
zu begrüßen.
Ein langes Regiment,
sagte der Bischof
und balancierte auf einer Brüstung
von einer Stadt in die andere.
Vergessen Sie, riet er mir,
die Namen
und vertrauen Sie
Ihren Schritten –
in die Städte hinein,
in die andern.

Auf Probe

Du lauschst an der Tür,
das Ohr am Holz,
lauschst einer vergangenen
Geschichte
und versiegelst sie mit Scham:
Hinter der Tür
erzählt die Liebe.
Nur noch von sich.
Aber du wolltest dich
hören und sie
wolltest du hören.
Und danach erst das alte Lied.

Verdoppelung

Wieder der Fremde
die Nacht geöffnet,
dem lautlosen Körper,
auch einem Streifen Licht
am Rand der Erwartung.
Er bewegt sich mit deinem
Atem, mit meinem.
Ich komme zu mir, wieder fremd
für diese eine Nacht,
in der ich mich zu mir lege
und mich atmen höre.

Giotto

Es könnte Wesen geben,
sage ich mir,
die uns aus Liebe
erscheinen. Seit je
sind sie um uns,
Bewegungen in der Luft,
säuselnde Zungen,
sprechende Wirbel.
Selten erfüllt sich
ihre Sehnsucht. Sie
atmen mit den Jahreszeiten.
Bis einer es wagt zu lieben,
was er nicht sieht,
Giotto, sage ich mir,
und die Erregung Gestalt annimmt,
endlich frei wird,
was ihn umgibt:
ein Engel oder die
noch ungetaufte Liebe.

Auf festem Wasser
werde ich
mit den alten Männern tanzen,
den weniger Gerechten,
die Erde in den Himmel
stülpen,
der Würde
den Rücken waschen,
den andern die Augen
trocknen,
dem Glück jeden Grund
absprechen –
und tanzen und hüpfen
werde ich, den Hut
in der Stirn,
die Hände geöffnet
für die kommende Schrift,
die das Wasser festigt
zum Tanz der alten Männer
vor dem Ende der Zeit.

Nun hast du's soweit gebracht:
Du musst dich tragen.
Du bist dein Buckel, deine Last.
Du atmest dir
in den Nacken,
treibst dich an,
wirst dir schwer.
Du wirst dich nicht mehr los.
Nicht nachts, nicht tags.
Wie komme ich zu mir?
fragst du dich, Träger und Last.
Ich bin mir
ich bin mir mein Buckel,
sagst du,
und nimmst dich auf dich
für den Rest des Wegs.

Du fällst ins Atemloch
und schreist den Himmel an,
spürst die gestreifte Haut,
die Doppelader mit dem falschen Schlag.
Brich durch die Wand,
verlier, was du verloren gabst,
und lerne ein paar Wörter neu:
kommen,
gehen,
bleiben.

Sag, Jona, was
prophezeitest du?
Es wird berichtet,
du habest Bäume
verkehrt gepflanzt:
die Wurzeln in die Luft,
die Wipfel verkümmert in den Staub.
Mit tausend Armen
warfen sie dich in den Fisch.
Was hast du ihm prophezeit, Jona,
in seinem schwarzen Bauch?
Er habe, wird berichtet,
rasend alle Meere durchquert
bis er dich ausspie
in furchtbarer Angst.
Nun wohnst du
in einem Kürbis,
sprachlos, kein
Prophet mehr.
Ein Lügner, wird behauptet,
ein Grossmaul von anderswo
und zu alt für die Wahrheit.

Am Rand

Bis an den Rand.
Die Finger lösen sich
von ihren Wurzeln
und tragen ihre Ängste aus.
Was sie berühren
atmet zu schnell.
Die Baumschatten vorm Fenster
schwärzen ein
und rücken auf mich zu.
Mir geht die Luft aus.
Mit den Fingerkuppen
poche ich
auf Ausflüchte.

Ich und ich, getrennt durchs Fenster,
ein Spiegel, der nur mich aufnimmt
und alles, was mein Blick anzieht,
hervorholt aus der abgelebten Welt,
die Bilder von gestern, unversehens
mächtig für das Ich vor dem Ich.
Bleib weg! rede ich gegen die Scheibe.

Manchmal hält vor dem Fenster ein Schiff an,
so, wie ich es als Kind erwartungsvoll malte:
Vögel lassen sich auf ihm nieder: keine Möwen,
aber Kraniche, Störche und Zaunkönige. Passagiere und
Besatzung erscheinen nicht. Unendlich langsam bewegt
es sich, und seine Namen wechseln: Rurik, Vailima,
Saint-Antoine, Narcissus und Tilkhurst kann ich
lesen, Namen aus Geschichten, und ich beginne
dem Schiff zu erzählen, woher es kommt. Aus
der Gegend, sage ich, wo die Erinnerung in
der Tiefe verschwindet, hinterm Horizont, unten im
Meer.
Wo Sätze sich verknoten. Alle Wörter und Namen
treiben das Schiff über den Rahmen hinaus.

Ein letztes Mal der gefiederte Schatten meines Engels.
Das alte Licht wirft ihn herein, ich ziehe ihn
über mich, unvorbereitet, und werde zu seiner Antwort:
ich höre auf zu atmen unter der Last seiner Flügel.

Noch immer wandern, draußen, die Gärten vorüber,
ich bin unersättlich, sie in meiner Erinnerung
zu entdecken; die Kiesel unter den Kinderfüßen,
sie schmerzen. Ich höre meine Mutter dieses Paradies
rühmen. Es fällt mir schwer, neben ihr zu bleiben.
Warum machst du dich so schwer, Kind? Bis die andern
Gärten erscheinen, Verwilderungen über die Jahre,
                                        umgeben
von grauen Fassaden, als Vorbereitungen für
                                        Verschläge,
in denen sich Geheimnisse ablagern, auch ein paar
                                        Schwüre,
die Zukunft versprechen. Und der Garten, zuletzt, in
                                        dem
ich den Ginkgo setzte. Jetzt, jetzt schüttet er seinen
Goldsegen über mich.

Der Ahornherbst verspätet sich in diesem Jahr,
längst müßten die gefiederten Blätter brennen,
rot, durchscheinend und das Geäder dunkel
                                eingeschrieben.
Der Baum hat, weil er sich gegen das Licht strecken
mußte, umgeben von höheren und älteren Gewächsen,
                                das Gedächtnis
verloren, ist aus seiner Zeit geraten, die auch meine ist.
Mit ihm habe ich auf den spät glühenden Herbst
                                gewartet.

Fotos aufgespannt, draußen vorm Horizont,
Transparente fürs Erinnern. Alle Gesichter aber
fremd und entrückt: der Bubenkopf; der des
jungen Mannes, vom Nachkriegsstaub grau.
Welche Gedanken bewegen die Bilder, welche
Bilder? Was weiß ich von mir? Was traue ich mir zu?
Nehme ich Sätze mit? Wohin? Wie lange
halten sie? Bis zum letzten Bild?

Manchmal habe ich sie zählen können: Atemzüge, fein
geschliffen ins Glas. Eine genauere Lebensschrift, ohne
Buchstaben, in Schwüngen und Serifen, Vorlage für
Unruhen, fliehende Gedanken und alle Arten von
Depression.
Wer atmet dort? frage ich, mich im Fenster spiegelnd.
Wessen Annäherung in Zeichen könnte ich ertragen? –
eine
Hypnose, aus der ich erwache mit dem Atem eines
andern.

Der alte Mann, den ich hinausgeschickt habe, ist der
                                        Gegend
nicht gewachsen. Sie schließt ihn ein, hält ihn auf.
Es drängt ihn, die Ebene zu weiten für den Atem,
der ihm ausging – keine lastenden Berge, keine Mauern,
künstlich und gemein gezogen. Eher ein offener Traum,
eine verschiebbare Kulisse und der langsame, seine
                                        Schritte
bestimmende Satz eines Streichquartetts.

Zieh dir die Haut über und warte, bis vorm Glas
die ausgesandten Gespenster sich häuten. Denke aber
an keinen Austausch, denn die Geschichten, die dich
kränkten und plötzlich mit anderen Namen

                            auftrumpften,
die Geschichten, halblaut gesprochen, sparen dich
längst aus: Du hörst sie draußen reden, in einer Sprache,
die dir unter die Haut geht, lauter fremde

                            Blutgerinnsel.

In die Stille, das Warten, den angehaltenen Atem
          dringen
Geräusche von draußen, auch Pausen – die Gegenstille,
auf die ich warte, angespannt, um sie mit einem Satz
zu überbrücken: Vergeßt mich, Kinder! rief der
         drinnen, und
ich ducke mich unter den Wörtern, frage ihn:
        Warum endet
dein Brief an die Freunde mit diesem gestammelten
         Vers? Warum?

Masken gleiten vorüber. Sie kommen aus
Bildern und suchen nach ihren Gesichtern.
Schrecklich sind sie, denn sie werden nicht alt,
bleiben nicht jung. Sie halten an Gefühlen fest,

erstarren

im Weinen, im Gelächter. Stimmen verstummen
in ihnen. Wer sie aufsetzt, bevor sie mir erscheinen,
geht ihnen verloren. Es sei, ich wüßte ihre Geschichte.

Die neuesten Botschaften krümmen sich auf der
                                    Fensterbank –
wie böse Zungen, schwarzgeädert, rollen sie sich ein.
Es könnten, vor dem Ersticken, lauter letzte Sätze
                                    werden:
eine Kette verwüsteter Verse, vergessener Wörter.
Ein Dichter schrieb mir auf die Stirn, es ist ein Leben
                                    her:
»La tristesse rembourse«. Es könnte heißen:
                        Depression zahlt sich aus.
Ich warte, bis einer das ungeschriebene Buch
                auf die Fensterbank legt.

Nur nachts erwacht das Fenster gegenüber. In seinem
Licht
spielen die Schatten, was ich nacherzählen kann:
Figuren, die ihren Körper vergessen haben, die
ineinander aufgehen,
vereint in der Helligkeit gleiten.
Szenen, die längst dem Leben verloren gingen,
nachgestellte
Wirklichkeiten, platte Wahrheiten, die ich vergesse,
sobald im Fenster gegenüber das Licht erlischt.

Die ehedem Vertrauten gehen vorüber, gehen und fallen
über den Rand. Feierlich ziehen sie Spruchbänder hinter
sich her. Ich habe sie auswendig gelernt: Keine Furcht
der Erde. Mantelvertraut. Solange ein Gespräch wir

                                           sind.

Mein Land, das ferne leuchtet. Ich rede die Sätze mir ein.
Ich rede sie mir aus. Ihre Prozession kann ich nicht
aufhalten. Die Scheiben werden blind. Ich bleibe für

                                           mich.

Der alte Garten in einem sächsischen Dorf, Kaiserkron
und Päonien rot, nein, der nicht. Kein Angebinde für ein
Schloß. Keine Ouvertüre für einen Park. Mein Garten
                                                    paßt
ins Fenster. Wie eine Blume, gepreßt von der
                                                    Erinnerung.
Das Kind kauert am Wegrand vor einem gelben Stern,
                                                    der
sich über ein weißes Knäuel senkt, eine Laterne: Mein
alter sächsischer Garten in einem undeutlichen Licht.

Der Sand steigt vorm Glas, rieselt und schichtet
sich in Strängen. Manchmal fräst das Licht Scharten.
Ich stecke im Innern einer Sanduhr und frage mich, wer
mich auf den Kopf gestellt hat, auf die Füße? Mein

                                                      Atem
geht mit dem Sand. Stockt er, ballt er sich vorm Glas.
Atme ich, steigt der kristallene Vorhang. Halt ich
den Atem an, hält auch er inne. Er ist meine Zeit,
ich bin in meiner Uhr. Der Sand vorm Glas maß meine
Zuversichten, ließ mir Augenblicke und weiß mein

                                                      Ende.

Klaus Siblewski

Vorläufer und Nachträger

Der Lyriker Peter Härtling und wie die Auswahl seiner Gedichte in diesem Band zustande gekommen ist

Wenn man viele Jahre als Lektor mit Peter Härtling zusammengearbeitet und später dessen Werkausgabe herausgegeben hat, dann freut man sich, zum 75sten Geburtstag des Autors eine Auswahl aus seinen Gedichten erstellen zu können. Es ist die Wiederbegegnung mit einem Werk, mit dem man sich über Jahre beschäftigte, und dann, weil der Autor zu einem anderen Verlag wechselte, diese Beschäftigung nicht fortgesetzt hat. In der Zeit der ausgesetzten Zusammenarbeit wurden beide älter – und heute findet die erneute Begegnung mit den Gedichten aus einem anderen Blickwinkel statt als dem, aus dem ich früher Härtlings Gedichte betrachtet habe. Die Bundesrepublik ist in dieser Zeit volljährig geworden, eine Entwicklung, die auf die Auseinandersetzung mit Härtlings Gedichten ihren Einfluss hat. Als Autor und Lektor zusammen an Büchern arbeiteten, gab es die alte Bundesrepublik bereits nicht mehr, aber in ihren Köpfen hatte diese Bundesrepublik noch überlebt. Heute kann davon nicht mehr die Rede sein, und dieses Verblassen der alten Bundesrepublik und deren Überführung zu einem historischen Gegenstand wirft tatsächlich ein neues und schärferes Licht auf den Lyriker Peter Härtling.

Eigentlich müsste Peter Härtling als das Musterexemplar eines Nachkriegsschriftstellers angesehen werden. Er veröffentlichte seinen ersten, schmalen Gedichtband bereits 1953 und alleine bis Anfang der 60er Jahre folgten drei weitere. Härtling ist aber keineswegs nur ein fleißiger Arbeiter, seine

Gedichte aus dieser Zeit fallen durch große Eigenständigkeit auf und durch einen Duktus, der sie von der Nachkriegsliteratur stark abhebt. Tatsächlich haben diese Gedichte nicht nur mit den Gedichten und anderen Sprachkunstwerken der Nachkriegsliteratur wenig zu tun, sondern sie stehen einer Literatur sehr viel näher, die noch gar nicht geschrieben war und die erst Jahre später, nachdem Härtlings Gedichte längst erschienen waren, veröffentlicht wurde. Gemeint sind Autoren wie Günter Grass zum Beispiel, der 1927 geboren wurde und damit immer noch sechs Jahre älter ist als Peter Härtling. Grass veröffentlichte seinen ersten Gedichtband erst 1956: ›Die Vorzüge der Windhühner‹. Und wiederum drei Jahre später publizierte er ›Die Blechtrommel‹, das Buch, mit dem es zu einer nicht zu übersehenden Zäsur in der literarischen Entwicklung kam: Die unmittelbare Nachkriegsliteratur war zu Ende gegangen, und die Literatur der Bundesrepublik unternahm ihre ersten kraftvollen Schritte ...

Obwohl Härtling jünger als Grass ist, gehören seine Gedichte doch in den Umkreis dieser neuen Literatur, die auch von Uwe Johnson, Peter Weiss und anderen Autoren ins Leben gerufen wurde, deren Bücher knapp um 1960 herum erschienen. Er muss, kaum 20 Jahre alt bei seinem Debüt, als einer der Vorläufer dieser neuen bundesrepublikanischen Literatur angesehen werden. Außerordentlich früh hatte er diesen Weg gefunden.

Worin seine Vorläuferschaft genau bestand, lässt sich mit einem Blick auf die vorangegangene Autorengeneration exakter erfassen. Günter Eich etwa hatte mit seinen Gedichten der Literatur direkt nach dem Krieg einen deutlichen Stempel aufgedrückt. Sein legendär gewordenes Gedicht ›Inventur‹ verrät eine Schreibhaltung, die nach ihm viele Autoren in dieser

Zeit einnahmen. Er listet bloß die (zerschlissenen) Gegenstände auf, die ihm nach Kriegsende verblieben waren und die ihm beim weiteren Überleben gute Dienste erwiesen. Er schrieb »Trümmerliteratur« – eine zwiespältige Bezeichnung für die Literatur damals, denn sie unterstellte diesem und anderen Gedichten (und nicht nur Gedichten, sondern auch Romanen und Erzählungen), dass sie extrem beschädigt seien und damit von Autoren geschaffen würden, die den sprachlichen Spielraum, der sich der Literatur doch biete, nur ungenügend ausschöpfen würden. Heinrich Böll, der auch zu den Autoren der ersten Stunde zählte, fasste, hellhörig gegenüber Kritik, die versteckten Einwände, die in der Bezeichnung »Trümmerliteratur« lagen, als Auszeichnung auf. Mit ihrer sprachlichen Dürftigkeit wollten sie den Sprachpomp der Nazipropaganda unterlaufen – eine Anstrengung, die den Einsatz aller Kräfte wert war. Zu diesen Autoren zählte Peter Härtling aber nicht, obwohl: Ein zartes Echo auf diese Literatur ist in seinen ersten Gedichten doch zu vernehmen.

Zitieren wir, damit klarer wird, was gemeint ist, eine kurze Passage aus einem frühen Gedicht von Peter Härtling (das in diesem Band als Erstes abgedruckt ist): »ein auto bespritzt meine hose/ die wir chagallhose nennen/ und ein haus fällt auf meine brust.« In der Aufzählung der Hose und anderer Gegenstände in ›kleine musik für dich‹ könnte noch ein zarter Anklang an die Trümmerpoesie gesehen werden, viel auffälliger sind jedoch die Bilder, die Härtling in diese Zeilen hineingearbeitet hat und diese Bilder prägen ungleich stärker den Charakter dieser Zeilen. Der Vergleich der Hose mit einer Chagallhose und das noch stärkere Bild vom Haus, das auf die Brust des lyrischen Ichs stürzt – in diesen Formulierungen finden die Gedichte einen neuen Ton.

Neu daran ist die fehlende Angst. Härtling zwingt sich, weil die deutsche Sprache durch die Nazis verseucht wurde, keine Spracharmut mehr auf, sondern öffnet sein Gedicht wieder der Sprache und ihrem Reichtum. Er lässt Vergleiche zu, rückt sie sogar in die Nähe von anderen Kunstströmungen und eröffnet damit Assoziationsspielräume, denen die Autoren bisher ihre Literatur nicht ausliefern wollten.

Überhaupt Bilder! Günter Eich hatte einen Horror vor Sprachbildern und ist am liebsten jeder Formulierung aus dem Weg gegangen, von der er der Ansicht war, sie könnte nicht als das verstanden werden, was sie zum Ausdruck brachte. Härtling benutzt Bilder und er tut das mit einer absichtsvollen Lust. Das auf die Brust stürzende Haus stellt sich als Metapher geradezu aus, und vor allem verweist es auch erkennbar zurück auf die Empfindungen des Autors: Offensichtlich will er das Gefühl einer Bedrohung ausdrücken, das sich dem direkten sprachlichen Ausdruck entzieht. Und um beides in einer knappen Wendung zusammenzuführen, gestattet er sich einen kleinen surrealistischen Ausflug – keine Kleinigkeit in der moralisch überangespannten Zeit damals.

Peter Härtling öffnet seine Gedichte aber nicht nur einer größeren sprachlichen Vielfalt, er spricht in seinen Gedichten auch die veränderte Lage an, die er beim Schreiben im Unterschied zu den Nachkriegsautoren vorfindet: »die einfachen worte/ die ich nicht reinbekomm in meinen song/ an deine lippen haft/ ich sonnen ...« Härtling kennt das literarische Gebot der Nachkriegsliteratur nur zu gut, und er bemüht sich auch, diesem Gebot zu folgen. Gegen die politischen und historischen Gründe, die sprachliche Enthaltsamkeit nahegelegt haben, hat er nichts einzuwenden. Sie leuchten ihm im Gegenteil ein. Beim Schreiben jedoch spürt er einen viel weiter zielenden

Ausdruckswunsch, dem er sich nicht entziehen kann und dem er sich auch nicht entziehen möchte. Es stellt sich eine üppigere Sprache ein, ihm kommt diese aufgeladenere Sprache politisch nicht gefährlich vor und er spürt, dass er diese Sprache benötigt. Bei ihm geht es um Liebe und nicht mehr um die mageren Überlebensthemen, die Eich anspricht.

Als Liebender tritt uns Härtling nicht nur im Eingangsgedicht dieses Bands entgegen. Wenn man eine Statistik der Themen in Härtlings Gedichten aufstellen würde, dann würden Gedichte zum Thema Liebe ganz oben auf dieser Liste stehen. Härtling hat aber nicht nur viele Liebesgedichte geschrieben, er hat auch in fast allen seinen Schreibphasen Liebesgedichte geschrieben. Und wenn man so will dann könnte man das Schreiben von Gedichten überhaupt als das Medium ansehen, das Härtling bevorzugt nutzte, wenn er über die Liebe nachdachte. Die Intimität der kleinen Form half ihm dabei.

Deshalb lag es nahe, Liebesgedichte in das Zentrum dieser Auswahl zu stellen, und damit einen Schwerpunkt in Härtlings Arbeit an Gedichten sichtbar zu machen – zudem es noch einen weiteren Vorteil hat, Härtlings Liebeslyrik auf begrenzterem Raum zu versammeln: Härtlings Art, Gedichte zu schreiben, lässt sich besser erfassen. Genauer: Härtlings unterschiedliche Art, Gedichte zu schreiben, wird einfacher nachvollziehbar.

Als Erstes stößt man auf eine Konstante: Er schreibt keine Bekenntnisse, ihm geht es um Literatur. Nun stimmt es nicht ganz, dass Härtling keine Bekenntnisse schreibt. Er tut es gelegentlich schon, aber auf andere Art als es der Begriff »Bekenntnislyrik« nahelegt und schon gar nicht in der tagebuchartigen Form von Alltagsgedichten. Auch in Liebesdingen schreibt er Reflexions-Bekenntnisse. Er versucht in seinen

Gedichten zu verstehen, was in ihm vorgeht. Das kann im Einzelfall sehr weit gehen. In ›kleine musik für dich‹ finden sich folgende Zeilen: »meine liebe lässt die welt tanzen/ die kulis tragen lasten/ und vergehen unter ihrer schwere.« In diesen metaphorisch hoch verdichteten Zeilen hält er das belebende Moment, das in der Liebe liegen kann, fest – als das belebende Moment, das er empfindet und mit dem er die Welt, die er betrachtet, ansteckt.

Dieses Hochgefühl ist Härtling jedoch nicht ganz geheuer: »warum sprichst du von treue/ und lässt mich fallen« – und im Ausbreiten dieser Unsicherheit ist man im Zentrum von Härtlings Gedichten angekommen. Dieses Zentrum befindet sich im Graubereich von Vermutungen. Konkret fragt er sich in diesem Gedicht, ob seine Geliebte weiter zu ihm steht, auch wenn sie sich anderen Männern zuwendet oder ob sie sich von ihm lösen möchte, gleichgültig welche anderen Liebesbezeugungen sie abgibt. Er möchte seine unsicheren Eindrücke und vagen Beobachtungen näher kennenlernen und den Gefühlsmix entwirren, in den sich seine verschiedenen Wahrnehmungen verwickeln. Und damit nicht auch noch seine Verse von den Unsicherheiten infiziert werden, greift er, wie in der ersten Zeile von ›kleine musik für dich‹, schon einmal zu Formulierungen, als wolle er Beschwörungen aussprechen – ein Stilmittel, das sich noch ausgeprägter in anderen Gedichten wiederfindet, in der ersten Strophe von ›verwandlung‹ zum Beispiel: »treibe um und treibe aus/ schmücke dir das rätselhaus/ schließ das tor/ stopf das ohr (...).«

Andere Verse (›meine liebe lässt die welt tanzen‹) legt Härtling an, als wolle er sanft wirkende Gesetze formulieren, aber beides, die Beschwörungen und die vorsichtigen Behauptungen von regelhaften Abläufen sind nur der Anfang seines Gedichtschreibens und keineswegs ihr Endpunkt. Von hier geht er aus, und deutlich zu erkennen ist, dass er in allen Gedichten den Versuch unternimmt, Klarheit in seine widersprüchlichen Empfindungen zu bringen. Von hier rührt der feststellende Ton in vielen Gedichten her, der Versuche, Vorgefallenes präzise zu registrieren; auch das Stilisierungsbedürfnis wird von diesem Impuls ausgelöst, starke Bilder an die Stelle von schwachen Eindrücken zu setzen. Und in den frühen Gedichten geht Peter Härtling noch einen Schritt weiter. Er schafft sich Kunstfiguren. Eine davon und die erste ist »pierette«. Sie spielt auf dunkle Weise mit dem Vornamen des Autors. Danach hat Yamin seinen Auftritt. Er erkundet die Welt unbekümmerter als der Autor, hält sich zäh und ausdauernd in Härtlings früher poetischer Welt, begegnet sogar an einigen Stellen dem weiblichen Liebespendant »pierette«. Vexierspiele, die der Autor mit ganzem Ernst betreibt: Er tanzt, und die Welt gibt beim Tanzen ihre Regeln preis.

Ebenso artistisch geht er mit einer Reihe von Motiven um, die früh in seinen Gedichten auftauchen und auf die er hartnäckig zurück kommt, solange er Gedichte schreibt: der Morgen, Fenster, usw. . Diese Motive hat er mit keiner festen Aura belegt, sie werden in immer neuen Bedeutungen in die Gedichte eingeführt, und wenn es dabei eine Konstante gibt, dann unternimmt Härtling den Versuch, Variationen zu schreiben und das Moment der Überraschung zum erwartbaren Bestandteil von jedem neuen Gedicht zu machen.

Überhaupt muss an dieser Stelle angemerkt werden, dass Härtling zwar in den letzten 55 Jahren kontinuierlich Gedichte geschrieben hat, dass seine lyrische Produktion aber nicht immer gleich intensiv war. In den Jahren zwischen 1962 und 1972 setzte sie so gut wie aus, andere Anforderungen lassen sich damit in Verbindung bringen. 1962 trat er in die Redaktion der Zeitschrift ›Der Monat‹ ein, 1967 wechselte er in den S. Fischer Verlag und wurde dort Cheflektor und ein gutes Jahr später nahm er die Stelle eines Sprechers der Geschäftsleitung in diesem Verlag an. Es ist die Zeit seiner stärksten beruflichen Herausforderung, nur wenig anderes entstand in diesen Jahren. 1970 erschien der Roman ›Das Familienfest‹ – und als Härtling Anfang der 1970er Jahre dem Schreiben von Gedichten wieder mit größerem Elan nachging (ab 1974 ist er freier Autor), tat er das als ein anderer. Literarisch gesehen war er nüchterner geworden.

Wie stark die Veränderungen sind, von denen Härtling im Lauf dieser Jahre erfasst wurde, lässt sich nicht deutlicher als an den beiden Gedichten ›fundevogel‹ und ›Novembergedichte‹ zeigen. Mit ›fundevogel‹ endet in diesem Band die frühe Phase von Härtlings Gedichten. Noch einmal gibt er sich vorsätzlich verspielt und spricht aus, was in den ersten Jahren Gedichte für ihn waren: literarische Funde, deren Eigenheiten er sich als Autor beugte. Sie besaßen in ihrer präzisen Phantastik und in ihrer leichten, funktionierenden, aber nur schwer zu durchschauenden Mechanik etwas von Tinguelys Apparaten. In der Serie von ›Novembergedichten‹, mit denen Härtlings mittlere Phase in dieser Auswahl einsetzt, lernen wir einen ungleich realistischeren und auch dunkleren Härtling kennen. Er schaut auf die bisher zurückgelegte Strecke seines Lebens zurück. Der Liebe wohnt ungebrochen ein flüchtiges Moment inne, und der Autor muss feststellen, dass ihm der Wunsch abhanden gekommen sein könnte, eine Frau lieben zu wollen, und dass er den Rückzug aus der praktizierten Liebe genießt und lieber Musik hört, Robert Schumanns Kompositionen für Klavier zum Beispiel und darunter die Suite mit dem Titel ›Kreisleriana‹. Härtling hat eindeutig neues literarisches Terrain betreten. (Eine Spur, die er in seinen Romanen schon aufgenommen hat und später mit Büchern über Hölderlin und Mörike oder Schubert und Schumann intensiv weiter verfolgen wird.) Literatur und Musik werden zu seiner Zuflucht – vor einem Leben, das ihn mit vielen Anforderungen umstellt und das durch die Liebe, da sie flüchtig ist und damit gerechnet werden muss, dass sie bald wieder vergangen sein wird, noch komplizierter wird. Und obwohl die Lebensverhältnisse derart zerrissen sind, macht sich in seinen Gedichten eine regelrecht jugendlich anmutende Sehnsucht nach Verständigung breit.

Damit kommen wir auf etwas zu sprechen, das wiederum in einer Verbindung zu Härtlings Geburtsjahr steht. Er hatte das gleiche Schicksal zu teilen, das auch Günter Grass oder Uwe Johnson hinnehmen mussten: mit der Familie zur Flucht gezwungen worden zu sein. Härtling erlebte aber, anders als Grass, die Flucht und deren Konsequenzen für einen Heranwachsenden als jemand, der noch nach einem eigenen Platz im Leben suchte. Nürtingen, die neue Stadt, in der er mit seiner Restfamilie (der Vater befand sich in einem russischen Lager und starb dort, erst gegen Ende 1946 erfuhr Härtling davon) lebte, nachdem er mit vielen Zwischenstationen aus dem ehemaligen deutschen Protektorat (einem Teilgebiet des heutigen Tschechien) fliehen musste, war abweisend. Die Mutter nahm sich, unglücklich verliebt, das Leben, und Härtling, damals 13 Jahre alt, wuchs bei einer Tante auf, die mit ihnen geflüchtet war. Die Orte seiner Kindheit und Jugend hatte er verloren, und die Orte, an denen er sich nach der Flucht aufhielt, wollten nicht zu seinen werden. Er gehörte nicht mehr dazu, und wenn er in einem Gedicht von »Zwei Versuchen mit den Kindern zu reden« spricht, dann brechen diese Flücht-lingserfahrungen mit Macht hervor: »wollte ich dir erzählen/ zum Beispiel, von meinem Krieg, von meinem Hunger, von meiner Armut/ wie ich geschunden wurde, / wie ich nicht mehr weiter wusste.«

Bezeichnend ist, dass Härtling in diesem Gedicht nicht von Flucht spricht, sondern von Krieg. Er benutzt ein Wort, das auch Flucht und Vertreibung umschließt, ohne selber von Flucht sprechen zu müssen. Diese Vokabel war in den 1970er Jahren noch immer stark belastet und gehörte im politischen Denken zum reaktionären Wortbestand. Härtling kam nicht nur in keiner neuen Heimat an, er hatte auch durch die Flucht Erfahrungen gemacht, die unter den aufgeklärten Intellektuellen niemanden interessierten. Für ihn selbst waren seine Erlebnisse so tiefgehend (Grass hatte als Beinahe-Erwachsener und Soldat wie die meisten Autoren der ersten Stunde der bundesrepublikanischen Literatur ganz andere Erfahrungen gemacht), dass er sie nicht verschweigen konnte. Er hatte Nachträge zur offiziellen Geschichtsschreibung zu machen, er trug seine Erfahrungen buchstäblich der nächsten Generation hinterher, die sich von den Entbehrungen während der Flucht und der Ortlosigkeit, die darauf folgte, keine Vorstellungen machte. Und Härtling mochte, je älter er wurde, umso weniger vergessen. Er hat eine Geschichte, und diese Geschichte möchte er sich nicht nehmen lassen, gleichgültig welche Auffassungen gerade von den Intellektuellen gepflegt werden. Er beharrt auf *seiner* Geschichte.

Aber ist das wirklich Peter Härtling, der in diesen Gedichten spricht? Bisher sind wir dieser Frage ausgewichen und haben so getan, als müsste nicht weiter darüber nachgedacht werden, ob das in den Gedichten sich äußernde »lyrische Ich«

mit Peter Härtling identisch ist. Logischerweise kann die Antwort nur lauten: nein. Das »lyrische Ich« ist nicht Peter Härtling. Alleine Peter Härtling als Person ist nicht deckungsgleich mit dem Peter Härtling, der schreibt. Und vom schreibenden Peter Härtling unterscheidet sich wiederum die Stimme, die in den Gedichten zu Vokabular und Ausdruck findet. Andererseits haben wir insbesondere bei den Gedichten in Härtlings »mittleren Jahren« den Eindruck, dass tatsächlich der Autor spricht. Wer soll das denn sein, der in dem Gedicht ›Zwei Versuche mit meinen Kindern zu reden‹ die Stimme erhebt? Ein literarisches Neutrum, das nur durch Zufall dem Autor nahe steht und sonst nichts mit ihm zu tun hat, sicher nicht. Gerade die Gedichte in den langen Jahren zwischen 1972 und 2000 zeichnen sich dadurch aus, dass Härtling keine Spiele mit literarischen Identitäten mehr treibt, sondern zu der Kraft findet, von sich zu sprechen! Das bedeutet noch keineswegs, dass wir Härtling und den Sprecher in seinen Gedichten unbefragt als ein und dieselbe Person ansehen können.

Der Härtling in den Gedichten ist jener Peter Härtling, der sich eine spezielle Sprechweise zurechtgelegt hat. In dem Gedicht ›An meine andere Stimme‹ macht er uns zu Zeugen, wie er nach dem Ton sucht, den er in seinen Gedichten anschlagen kann und welchen literarischen und politischen Einflüssen er sich dabei ausgesetzt fühlt. In dem Gedicht ›Mein anderer‹ stellt er sich die Frage, welchen Standpunkt er in Gedichten annehmen soll, um den fremden Bildern und Stimmen Gehör zu verschaffen und sie damit aufzubewahren und davor zu schützen, dass sie wieder ins Vergessen und in die sprachlosen Bezirke des Nicht-Wahrhaben-Wollens zurücksinken. Das Gedicht wird hier als Gedächtnisspeicher für fremde Inhalte konzipiert, und damit Härtling nicht auf andere zeigt, fängt er bei sich an und der Suche nach seinem anderen »Ich«. Welche Sprechsituation muss eingenommen werden, damit sich dieses andere »Ich« öffnet? Leicht ist es nämlich nicht, Kontakt zu diesen speziellen Erfahrungen zu finden, jedoch auch keine Frage des Mutes. Es ist eine literarische Aufgabe, die Härtling lösen muss, damit seine Worte nicht taub bleiben und dieses andere Wissen sich öffnet und Eingang in die Gedichte findet.

Dieses Schreibproblem läßt sich auch auf folgende Weise umreißen: Wie kann ein Lyriker Erfahrungen in Sprache fassen, die sich der Sprache entziehen und im Unartikulierten verharren wollen? Diese Frage stellt sich vehement in Härtlings späten Gedichten, wenn auch aus einer nochmals gewandelten Perspektive. In diesen Gedichten tritt eine nicht zu übersehende Immobilität ein. Der Autor kommt nicht mehr hinaus und hinauf auf die Wurmlinger Höhe, und andere Sehnsuchtsgegenden, die er früher in seinen Gedichten besungen hat. Aus eigenen Kräften kann er dorthin nicht mehr gelangen, und wenn er doch einmal weg möchte, dann muss er sich buchstäblich aus Wörtern auf Papier einen Balkon bauen[1]. Weniger bildlich gesprochen heißt das: Er schafft sich jetzt in den Gedichten selber jene Plattform, von der aus er sich doch noch Ausblicke verschaffen kann und seine Landschaften zumindest betrachten kann.

Es müssen aber noch weitere Verluste festgehalten werden: »Allmählich entfallen mir/ die Gegenden.« Das Gedächtnis ist selber bedroht. Aus seinen Erinnerungen ziehen sich die Vorstellungen zurück, wie Orte beschaffen waren, an denen er sich wohlgefühlt hat. Außerdem müssen Landschaften gese-

[1] siehe Peter Härtling, Ein Balkon aus Papier, Köln: Kiepenheuer und Witsch 2000

hen werden. Erst im Anblick gewähren sie dem Autor den Genuss, den er sucht. Also muss er sich behelfen, zum Fenster seiner Wohnung gehen und von dort hinaus schauen und darauf warten, was sich seinen Blicken bietet. Genau das macht Härtling in dem bisher letzten Gedichtband, der von ihm erschienen ist, in den ›Fenstergedichten‹, auch mit einer gleichermaßen manischen und magischen Lust auf kleine, ihn überrumpelnde Sensationen, die sich vor dem Fenster abspielen. Ganz geheuer sind uns Lesern diese Gedichte wegen der wechselnden Ausblicke aber nicht. Bewegen sich die Kähne, von denen Härtling spricht, tatsächlich auf dem Wasser, oder will der Autor nur Kähne sehen und zehrt von Bildern aus einer anderen Zeit und von anderen Orten? Und was heißt »zehrt«? Sind wir bei diesen schwermütigen Wechseln von Welt vor dem Fenster nicht schon längst mit dem Autor in dessen innere Erlebniswelten eingetreten? Schlimm wäre das nicht, beunruhigend aber bleibt dennoch, dass wir kaum noch bemerken, wann wir uns in Imaginationen bewegen und wann wir es mit fester gefügten Wirklichkeiten zu tun haben und von Landschaften glauben dürfen, dass sie real sind, weil außer uns auch noch andere diese Gegenden betreten können. Dass der Autor keinen Grund sieht, uns darauf aufmerksam zu machen, wann er nach außen tritt und wann er seine inneren Terrains besucht, macht die Lektüre nicht weniger herausfordernd. Der Autor möchte unterwegs sein, gleichgültig in welchen Regionen, das ist gut zu verstehen. Aber was sagt das für unsere Vorstellungen von Welt? Sind sie tatsächlich derart fragil, dass es am Ende keinen Unterschied macht, ob wir aus unserem Inneren schöpfen oder ob wir hoffen können, dass unsere Eindrücke mit Dingen in der äußeren Welt übereinstimmen?

Bei einigen von Härtlings Landschaften in den späten Gedichten stellt sich nicht die Frage, von welchem Realitätsgehalt sie sind. Bei diesen Naturformationen ist sofort zu erkennen, dass sie fiktiv sind und gar nicht darauf bestehen, dass es sie tatsächlich gibt wie bei dem »Hügel,/ auf dem mein Engel/ seine Flügel/ abstreift«. Fiktiv darf in diesem Zusammenhang durchaus auf zweifache Weise verstanden werden. Dieses Bild vom Hügel mit Engel entstammt nicht nur den Vorstellungen des Autors, dieses Bild enthält selber Fiktionen: den Engel etwa als eine Figur, die sich in unserer Wirklichkeit nur als gedachtes Wesen aufhält. Bei dem Hügel sind die Realitätsverhältnisse schwerer zu klären, es darf aber an den Hügel gedacht werden, der im christlichen Glauben eine herausgehobene Rolle spielt, da auf ihm Jesus gekreuzigt worden ist. Die ineinandergeschachtelten Fiktionen dieser Bilder vermindern also deren Wert nicht nur, sondern steigern ihn. Mit ihnen betreten wir die Glaubenswelt des Autors und finden zugleich Kontakt zu den großen sinnstiftenden Mythologien unserer Denk- und Vorstellungswelten – auf denen Härtlings Gedichte mehr oder weniger auffällig alle ruhen.

Aber es sind keineswegs nur Verluste zu betrauern. Im alten Härtling begegnen wir dem jungen wieder. Der Spiegelgeist regt sich noch – oder soll man sagen: wieder? »Du, rede ich mich an,/du flüchtig Verdoppelter,/ und noch nicht gut für den Spiegel.« Dieser Spiegelgeist hat allerdings auch Veränderungen durchlaufen. Er sucht sich keine Maskeraden mehr zu seinen Auftritten. Er tritt dem Autor ohne weitere Inszenierungen im die Welt verdoppelnden Glas des Fensters gegenüber und verharrt in dieser stillen Blöße. Auch der Autor hält diesem Spiegelbild stand, selbst wenn er sich durch dieses Gegenüber nicht nur geschmeichelt fühlen kann, denn was er von sich im Glas wahrnimmt, erfreut ihn nicht. Jenseits von Alterseitelkeit hält er in seinen späten Gedichten die Ernüchterung fest, die dabei eintritt. Alt ist er geworden und: »Mich friert das junge Jahr.« Manchmal scheint sich im Gespiegelten sogar ein Reich zu zeigen, das erst betreten wird, wenn der Schlaf kein Ende mehr nehmen wird, und dieses Reich zeigt sich in abweisenden Geheimnissen. Aber das sind Momente, die so flüchtig sind wie leider auch die schönen Landschaften, von denen Härtling, festgehalten hinter seinen Fenstern, gerne viel mehr sehen würde.

Allerdings kann man die späten Gedichte von Peter Härtling auch noch aus einer anderen Perspektive betrachten: Bei den meisten handelt es sich um Selbstporträts. In jedem Blick, jedem Bild und jeder sich einstellenden Metapher fasst er einen Ausschnitt seines Lebens. Und von diesen späten Gedichten aus gesehen und der Wichtigkeit, die diese Gedichte für Härtlings lyrisches Werk besitzen, war auch die Entscheidung sehr bald gefallen, welche Art von Gedichten neben den Liebesgedichten noch in diesem Band vertreten sein sollten: offene und auch versteckte Selbstporträts des Autors. Dazu zählen auch jene Gedichte, in denen Peter Härtling von anderen und von anderem spricht. Dabei geht es häufig um Autoren, um Komponisten und Kompositionen, die ihm nicht einfach nur nahestehen, sondern die wichtig für sein Leben geworden sind. Mit Bildungsgut hat das nichts mehr zu tun, sondern mit den Grundbedürfnissen eines Autors – und damit wird auch deutlich, was mit dieser Auswahl von Gedichten angestrebt wurde: ein intimes Porträt des Lyrikers Peter Härtling zu entwerfen.

Dazu wurden die Gedichte in diesem Band in der Reihenfolge abgedruckt, in der sie in Härtlings Gedichtbänden enthalten sind und in der Abfolge der Gedichtbände aneinandergereiht, in der diese erschienen sind. Da die Lyrikbände von Härtling in großer zeitlicher Nähe zu dem Entstehungsdatum der einzelnen Gedichte veröffentlicht wurden, darf auch davon ausgegangen werden, dass die Abfolge der Gedichte im Prinzip der Reihenfolge sehr nahe kommt, in der sie geschrieben worden sind. Härtlings Entwicklung als Lyriker lässt sich deshalb sehr gut nachvollziehen. Erlaubt schien es aus diesem Grund auch, die drei Abschnitte, denen die Gedichte in diesem Band zugeordnet sind, mit den Jahreszahlen der Bücher zu versehen, denen sie entstammen. Die Lücken zwischen den Jahreszahlen ergeben sich aus den Pausen, die Härtling im Publizieren von Gedichten eingelegt hat (und die es beim Schreiben auch gegeben haben wird). Mit den Zwischenüberschriften in diesem Band wird eine Zuordnung zu verschiedenen Schreibphasen des Autors vorgenommen. Die Zwischenüberschriften stammen vom Herausgeber. Und damit der Gedichtband nicht nur beginnt, wie Härtling selber begonnen haben könnte, sondern auch mit einem Gedicht endet, mit dem Peter Härtling einen Gedichtband von ihm enden lassen würde, ist das Gedicht an die letzte Stelle in diesem Band gestellt worden, mit dem Härtlings bisher letzter Gedichtband endet. In diesem Ausklang liegt eine Geste: Es wird Abschied genommen und an den definitiven Abschied gedacht... Aber bevor das letzte Glöckchen für uns alle erklingt, und wir alle immer ernster zu schauen beginnen, soll zu Härtlings Geburtstag doch noch ein Wunsch ausgesprochen werden: Möge er noch viele schöne Gedichte schreiben! Lesen, das können wir heute schon sagen, werden wir sie bestimmt.

Editorische Notiz

In dem Kapitel ›Anfänge‹ sind Gedichte aus den Bänden ›poeme und songs‹, Bechtle, Eßlingen 1953; ›Yamins Stationen‹, Bechtle, Eßlingen 1955; ›Unter den Brunnnen‹, Bechtle, Eßlingen 1958 und ›Spielgeist Spiegelgeist‹, Goverts, Stuttgart 1962 enthalten.

Die Gedichte aus dem Kapitel ›Mittlere Jahre‹ stammen aus den Gedichtbänden ›Neue Gedichte‹, herausgegeben von Hans Dieter Schäfer, Bläschke, Darmstadt 1972; ›Anreden. Gedichte aus den Jahren 1972–1977‹, Luchterhand, Darmstadt und Neuwied 1977; ›Vorwarnung‹, Luchterhand, Darmstadt und Neuwied 1983; ›Die Mörsinger Pappel‹, Luchterhand, Darmstadt und Neuwied 1987; ›Jürgen Brodwolf und Peter Härtling: Zwanzig Transparentblätter / Fünfzehn Gedichte‹, Radius, Stuttgart 1989; ›Peter Härtling und Arnulf Rainer: Engel – gibt's die? 28 Gedichte und 30 Übermalungen‹, Radius, Stuttgart 1992; ›Das Land, das ich erdachte. Gedichte 1990–1993‹, Radius, Stuttgart 1993 und ›Horizonttheater‹, Kiepenheuer & Witsch, Köln 1997.

Für das Schlusskapitel ›Späte Gedichte‹ wurden die Gedichtbände ›Ein Balkon aus Papier‹, Kiepenheuer & Witsch, Köln 2000; ›kommen – gehen – bleiben. Gedichte‹, Radius, Stuttgart, 2003 und ›Fenstergedichte‹, Radius, Stuttgart 2007 herangezogen.

Rechtenachweis

Die Gedichte ›Allmählich entfallen mir‹, ›Nachts‹, ›Mit Greisenschritten‹, ›Mich friert das junge Jahr‹, ›Längst zum Wegelagerer geworden‹, ›Die Briefe‹, ›Komm, Kind‹, ›Fang die Stimme ein‹, ›(Prag)‹, ›(für Hannah)‹, ›(12.4.1999)‹, ›(Für M.)‹, ›Meine Toten wachsen‹, ›Du, rede mich an‹, ›Komm, fremder, mir noch fremder Schlaf‹, ›Weg gehen‹, ›Meine Städte wachsen‹ entstammen folgender Ausgabe: Peter Härtling, ›Ein Balkon aus Papier. Gedichte‹ © Kiepenheuer & Witsch, Köln 2000

Die Gedichte ›Auf Probe‹, ›Verdopplung‹, ›Giotto‹, ›Auf festem Wasser‹, ›Nun hast du's soweit gebracht‹, ›Du fällst ins Atemloch‹, ›Sag Jona, was‹, ›Am Rand‹ entstammen folgender Ausgabe: Peter Härtling, ›kommen – gehen – bleiben. Gedichte‹ © Radius, Stuttgart 2003

Die Gedichte ›Ich und Ich‹, ›Manchmal hält vor dem Fenster ein Schiff an‹, ›Ein letztes Mal‹, ›Noch immer wandern‹, ›Der Ahornherbst‹, › Fotos aufgespannt‹, › Manchmal habe ich sie zählen können‹, ›Der alte Mann‹, ›Zieh dir die Haut über‹, ›In die Stille‹, ›Masken gleiten vorüber‹, ›Die neuesten Botschaften‹, ›Nur nachts‹, ›Die ehedem Vertrauten‹, ›Der alte Garten in einem sächsischen Dorf‹, ›Der Sand steigt vorm Glas‹ entstammen folgender Ausgabe: Peter Härtling, ›Fenstergedichte‹ © Radius, Stuttgart 2007

Alle andere Gedichte sind entnommen aus: Peter Härtling, ›Gesammelte Werke Band 8. Gedichte‹ © Kiepenheuer & Witsch, Köln 1999

Inhalt

Späte Gedichte
(2000–2007)